大展好書 好書大展

命理與預言66

婚課擇用寶鑑

姜威國／編著

大展出版社有限公司

自序

「擇日學」的範圍很廣泛且很實用，如入宅、安神、動土、安葬、行事用日、結婚等，都需要選擇一個良辰吉日而為之。

當然，或許有人會認為此舉太過於迷信，或是太過於不科學，但最起碼的是，這些在歷經世代所延傳下來的典籍資料，它們不但是古聖先賢經驗累積的記錄，而且它們的出發點與目的，也都是為了吾人趨吉避凶之用。因此，對於那些將其斥之為迷信，或是認為不科學的人，筆者在此大概也只能給你一句良心的話語：「自求多福吧！」畢竟，古之聖賢在創造此些理論之時，他們並沒有存著害人的心理。不是嗎？

本書是筆者研究婚課擇日的心得劄記，內容上，除了尊重古籍所記載的理論條文外，對於一些因時空變異與社會背景型態不同，所產生不同的觀點與角度，亦提出相關改革的看法與意見。但，由於筆者才疏學淺，文筆又非疏暢通達，文中誤謬疏漏之處，實是在所難免，因此還盼先進同儕們不吝地予以指教批評為是，在此亦先向各位致上最誠摯的謝意！並祝各位身體健康，萬事如意！

二〇〇一歲次辛丑中元節筆者姜威國敬識於

鳳山姜老師命理風水工作室

目錄

序章　古今結婚禮儀概論

老實說，生於現代的人對於「結婚禮儀」一事而言，實在是比古人幸福且簡單的多了，所以，古謂「結婚爲終身大事」一語，於今日反倒成了「小事一樁」，如時下潮流的產物「同居」、「試婚」，不正是最好的說明嘛！

一、古代「媒妁之約」，現代「自由戀愛」

古代的社會，是一種完全地大男人主義的型態，女人於婚姻上，可說是一點的自主權都沒有，一切只有聽憑媒人婆的安排以及父母之命，至於所嫁的夫婿相貌如何？人品如何？也只有待「掀起了妳的蓋頭來」的瞬間，方能得知一二。

再者，婚後「嫁雞隨雞，嫁狗隨狗」，以及隨時得奉爲聖旨的「三從四德」之婦德觀念，則必須時時地烙印在心裡且切實地遵守，然而，儘管如此，卻還不能保證不會有被「休掉」的一天。

反觀現代人的愛情與婚姻，在一種男女平等的基準觀念上，「只要是我喜歡，有什麼不可以」，或女追男，已不是一件什麼稀奇的事情了。「合則聚，不合則離。」更是時下對於愛情婚姻的至理名言，所以，什麼是「休妻」？我還「休夫」呢？因此，自由且任性的「亂」愛，已成為現代人對愛情婚姻視為想當然耳的指標了。

儘管以上兩者間有著如此大的不平等之差距，可是，對於「離婚率」一事，現代人的高離婚率，可是會令古代人驚愕不已，且大嘆「古不如今」是也。

二、古代婚禮「繁文縟節」，現代婚禮「新速實簡」

中國素有「禮儀之邦」的稱譽，大凡對婚冠喪祭等禮儀亦多有所講究。然而，由於星移斗轉，時世變遷，對於其中大多數的古禮均有太過繁贅，且不符合實際的事實，因此，能夠勉強存留下來的禮儀，可能亦多為一種形式的徵象而已。

古代的結婚禮儀，據《儀禮疏》載曰：「婚有六禮：納采、問名、納吉、納徵、請期、親迎。」另泉州洪潮和繼成堂所編撰的《剋擇講義》亦有記載：「一問名，二訂盟，三納采，四納幣，五請期，六親迎。」茲將其分別概述如下：（雖然排列次序不盡相同，但結論都很煩人。）

(1)納　采：

男家向女家提親稱之，亦曰獻綵，俗云大聘。

⑵問　名：

男家向女家提親，如女家准許答應結親，才擇吉送禮稱之，古俗稱之「小聘」。亦相當於近代的「相親」儀式。

⑶納　吉：

問名之後，男家擇吉將男女雙方生辰送至廟中卜吉，待三日後無災疾凶兆發生，再來議訂婚盟、完聘、嫁娶等諸事。此舉與「訂盟」、「男女合婚」意義相同。

⑷納　徵：

繼納吉儀禮之後，男家擇吉送禮金、禮物予女家之儀式稱之。相當後代之「納幣」、「納采」，俗稱「大聘」、「完聘」。

⑸請　期：

繼納徵之禮儀後，男家選擇通知女家迎娶婦期日，且徵求女家同意如期行嫁是謂也。此即後世的「婚課諏吉」與「鑒覆」。

⑹親　迎：

嫁娶日期決定後，新郎吉服率領僕從、朋友到女家將新娘迎娶回家是謂也。此男家名爲「親迎」，女家稱之爲「于歸」或「歸寧」。

以上所介紹的古代結婚「六禮」，已經令人看了就頭痛不已，但這僅是其中的大標題而已，至於其他相干之細節絮禮，則還未列入盡舉呢！

另附清・雍正・呂羽仲先生所著《家禮大成》一書所載之資料參考。其載曰：

「婚禮者，婚姻往來之禮也。合二姓之好，嚴百世之防，上以承宗祀，下以繼後世，故君子重之。」

「六禮者，一問名，二訂盟，三納聘，四納幣，五請期，六親迎。皆父主事，告廟而行，所以重厥事，正婚禮也。」

「六禮，古今正俗不同，前禮謂，初議婚，次納采、問名，繼以納幣、請期、親迎。後又更納吉、納徵及催妝之禮。至明，邱瓊山先生擬以問名併入納采，而以納吉、納徵併入納幣。今，催妝、更儀併入請期，以備六禮之目，惟於書詞之間略更其名而已，其實無所增益也。」

（註：呂羽仲先先生所著《家禮大成》，是依宋・朱熹所著之《朱子家禮》而作。）

現代人對於婚禮的訴求，雖然也是很重視（其實是重面子，講究排場）。但比起古時候之禮儀規範，那可就有著大巫見小巫的天壤之別了。例如：

一、戀情多款，花樣新潮。

二、戀愛速談速成（或敗），絕不拖泥帶水。

三、選擇性的投資理念，實惠又經濟。

四、兩張結婚證書、三十三元的手續費、法院公證即完成終身大事。

看完了以上古今結婚禮儀的較勁後，不知各位看倌們心中會有何種的感受與想法。當然，古法中不合時宜且累煞眾人之繁文縟節，實在應該逐漸地淘汰簡化，否則，若僅一味地泥俗遵古，一場婚事下來，大概也已疲憊不堪，更遑論還有「生產報國」的精力了。因此，若能將古今儀禮合併從簡，且合法化，相信是最符合現代人的實用要求標準。

三、婚課擇日用事術語概述

要想玩什麼遊戲，除了要先行瞭解遊戲規則外，對於這個遊戲的一些「專用術語」，亦需同時熟悉了然。因此，在正式進入章節內容前，筆者特將「婚課擇日學」中相關之專用術語彙整並註解如次，盼能對各位有所助益。

(1)提　親：

著媒人、親友向欲成親家的對方家長提親者。大多是以男方向女方提出。（另有「指腹為婚」者，亦屬提親之一種型式。）

(2)相　親：

經由媒人居中的牽線與安排，而約定男女雙方會面的儀式。一般較具正式的相親有奉茶、敬煙的禮俗，男方更須準備「相親禮」大小各一；中意者，給予大紅包示意；不中意者，則小紅包表示。此動作於女方出來收茶杯時才行為之。

(3)訂　盟：

亦有「文定」、「訂婚」之稱謂。時代大多與「小聘」、「大聘」合併進行。

(4)合　婚：

男女雙方均滿意且欲結親家者，則互相交換生辰八字資料，或置廟祠中卜吉，或請先生「合婚」。

(5)小　聘：

男女雙方於訂婚約後所舉行之禮儀，一般大多以小宴親友行之。

(6)大　聘：

亦稱「完聘娶」、「完聘」。大多於接近嫁娶日期前行之。男方派人押送禮物至女方家，名爲「押櫞」，數量均以雙數爲主；女方亦準備回禮，使男方「押櫞」人員載回覆命。由於時代背景的不同，時下不管是「聘金」也好，「嫁奩」也好，大多均以「現金」或是「支票」替代。

(7)解　除：

經由男女雙方同意，於婚約後，嫁娶日前之解除婚約的行爲。

(8)裁衣、合帳、整容：

時下均以買現成的物品爲主，至於整容亦都交給攝影禮服公司，或是美容化粧公司包辦了。

(9)安　床：

專指新婚房所安置的新床稱之。

(10)酬　神：

即俗稱之「拜天公」，於嫁娶日之子時起拜天公到天亮。現今的城市不多見，但鄉下地方仍如古法行之。

⑾告　祖：

即俗稱之「拜公媽」。新郎於迎親出門前祭拜告祖，又於娶回新娘入廳前再次祭拜告祖，然後再拜父母，如此新娘才可入房。

⑿合　巹：

巹者，音錦，以瓢爲酒器，一瓢分爲兩盃，禮曰：「共牢而食，合巹而酳。」略飲表示如合同心。此爲古禮，今已不用。

⒀婚　宴：

嫁娶之公開儀式完成後，男方設宴款待親家、親友之宴席稱之。

⒁歸　寧：

俗稱「回客」、「轉客」、「請子婿」，即女子嫁後第一次歸問父母。由女方宴請親友，並介紹新郎認識女方之親友。

⒂吃　茶：

婚宴後，男方至親到新房「吃新娘茶」、「鬧新娘房」。

⒃公證結婚：

有公開儀式，以及二位以上的證人，經由法院公證而登記結婚者。

⑰集體結婚：

職業團體或是政府機關經登記且適婚者，於同一日內一起舉行結婚典禮。

⒅納　婿：

亦稱「招婿」，即男方贅女方爲婿稱之。

第一章 導論

「擇日學」——原本就是一門複雜且冷僻枯燥的學問，因此，時下能精研於此術者，還真是不多了。但，猶可安慰的，近年來投入之研習者，有日趨增加的現象，相信這對「擇日學」命脈之承傳，實是一個令人振奮且欣慰的消息。

「擇日學」亦屬命理學系中之一支，因此，要想學習它的內容，對於一般命理學的基本原理是必備且必需學習的，所謂「工欲善其事，必先利其器。」是故，本章即就此點，特將相關且必知的一些命理學基本知識，彙集並歸納整理，期能提供各位一個簡明清晰地學習資料，進而能輕輕鬆鬆地進入擇日學浩瀚的領域。

一、入門基礎理論

樹幹（天干）與樹枝（地支）

天干有十：甲、乙、丙、丁、戊、己、庚、辛、壬、癸。

地支有十二：子、丑、寅、卯、辰、巳、午、未、申、酉、戌、亥。

註：天干氣清且純，故在上；地支氣濁且重，故在下。

地支相刑

寅刑巳上巳刑申，丑戌相刑未戌嗔，

子刑卯位卯刑子，辰午酉亥自相刑。

地支六害（穿）

六害子未不相侵，丑害午兮寅巳嗔；

卯害辰兮申害亥，酉戌相穿禍見深。

地支相破（隔三位謂破）

子酉相破卯與午，寅亥相破巳與申，丑辰相破戌與未。（陽後陰前推數之）

地支三煞

三煞者：劫煞、災煞、墓庫煞（歲、月、日、時煞）

申子辰煞在巳午未

巳酉丑煞在寅卯辰
寅午戌煞在亥子丑
亥卯未煞在申酉戌

六甲空亡

甲子旬中空戌亥。
甲戌旬中空申酉。
甲申旬中空午未。
甲午旬中空辰巳。
甲辰旬中空寅卯。
甲寅旬中空子丑。

十二相肖

子肖鼠　丑肖牛　寅肖虎　卯肖兔
辰肖龍　巳肖蛇　午肖馬　未肖羊

男命泊中分陰陽，陽男寄坤陰寄離。」

前訣法整理如下：

①以女命爲上卦，而且女命不論「命卦」（三元命卦）。

②凡陽女命者（生年干爲陽者），俱以「艮」作上卦；凡陰女命者（生年干爲陰者），俱以「坤」作上卦。

③用排山掌訣。

四 風巽	五 中宮	六 天乾
三 雷震		七 澤兌
二 地坤		八 山艮
一 水坎		九 火離

④將女命平干支入中宮，陽女順行，陰女逆行，尋至所配男命之年干支之泊宮。

⑤如此即以女命爲上卦，男命泊宮爲下卦。

⑥若是男命正好泊於中宮，陽男則作「坤」，陰男則作「離」。

例一：壬寅女配辛丑男，其體卦為何？

①壬寅女為陽女，以艮為上卦。

②中宮起壬寅，順乾癸卯，兌甲辰，……辛丑在坎。為下卦。

③綜合①②可得體卦為艮坎卦，即「山水蒙」卦。

二、締婚用卦法（用卦）

談完了體卦的推求法後，接著介紹用卦要如何來求得。推求用卦之法實比體卦簡單的多，試將說明如下。

用卦訣法整理：

①下卦與體卦相同。

②上卦則以女命的年支配卦，以一卦管三山之理論據之。如子配坎（壬子癸），丑、寅配艮（丑艮寅），卯配震（甲卯乙），辰、巳配巽（辰巽巳），午配離（丙午丁），未、申配坤（未坤申），酉配兌（庚酉辛），戌、亥配乾（戌乾亥）。

例二：如前例，求用卦為何？

①下卦仍為「坎卦」。

②女命壬寅、寅配艮，故上卦為「艮」卦。

③綜合①②可得到其用卦為「艮坎」卦，即「山水蒙」卦。

三、體用卦管事年限

本節是「周書合卦締婚成爻法」最重要的部份，因為要如何的用？以及要如何地來配婚論斷？均是包含在此章節的內容中，因此，務請各位多花些心思來研讀此節內容。

管事年限的分配

①「體卦」管結婚後的前三十年。

②「用卦」管結婚後的後三十年。

③每一卦有六爻，每一爻管事五年。

泄氏《剋擇講義》釋曰：「如用卦生體卦吉，體卦生用卦凶，體卦剋用卦謂之『泄暴』，亦凶，須取日辰來生體卦則吉，或用動爻來生體卦之爻，或以所用之爻比和亦可；若體卦既受用卦剋洩，而日辰又剋洩之，則凶矣！從新娘過門後，自下而上數起，一爻管五年，體用二卦共管六十年；馬、貴人爲吉，如是白虎、沖、刑、刃、空亡則凶，宜慎之。」又曰：「體、用二法按周易六十四卦，其選擇吉日，查其官、子二爻受病何處？即選日弔合，以解救補助之，其功效莫測；蓋此卦之理，其大無外，其小爲內，瀰淪乾坤，包含萬象，男女檢婚時，實宜注意焉，俾免有失其選日之大體爾。」

本篇法則文字內容，所牽涉到的一些理論，前將其整理列述供作參考。

㈠渾天甲子裝卦法

歌訣曰：

乾金甲子外壬午
坎水戊寅外戊申
艮土丙辰外丙戌
震木庚子外庚午

以上四卦爲陽卦，其裝卦法是由下往上，依地支次序順數排列。

艮宮八卦屬土

艮為山
寅子戌申午辰
官才兄子父兄
世 應 身

山天大畜
寅子戌辰寅子
官才兄兄官才
應 身世

火澤睽
巳未酉丑卯巳
父兄子兄官父
身世 應

風澤中孚
卯巳未丑卯巳
官父兄兄官父
世 身應

山火賁
寅子戌亥丑卯
官才兄才兄官
身應 世

山澤損
寅子戌丑卯巳
官才兄兄官父
應 世身

天澤履
戌申午丑卯巳
兄子父兄官父
世 身應

風山漸
卯巳未申午辰
官父兄子父兄
應 世身

震宮八卦屬木

戌申午辰寅子

震為雷

世身　應

才官子才兄父

戌申午午辰寅

雷水解

應身　世

才宮子子才兄

酉亥丑酉亥丑

地風升

世　身應

官父才官父才

未酉亥酉亥丑

澤風大過

身　世　應

才官父官父才

戌申午卯巳未

雷地豫

應　身世

才官子兄子才

戌申午酉亥丑

雷風恒

應　身世

才官子官父才

子戌申酉亥丑

水風井

身世　應

父才官官父才

未酉亥辰寅子

澤雷隨

應身　世

才官父才兄父

巽宮八卦屬木

巽為風

地支	六親	世應身
卯	兄	世
巳	子	
未	才	身
酉	官	應
亥	父	
丑	才	

風火家人

地支	六親	世應身
卯	兄	
巳	子	應
未	才	
亥	父	
丑	才	世 身
卯	兄	

天雷无妄

地支	六親	世應身
戌	才	
申	官	
午	子	世
辰	才	
寅	兄	
子	父	應 身

山雷頤

地支	六親	世應身
寅	兄	
子	父	身
戌	才	世
辰	才	
寅	兄	
子	父	應

風天小畜

地支	六親	世應身
卯	兄	
巳	子	
未	才	應
辰	才	
寅	兄	
子	父	世 身

風雷益

地支	六親	世應身
卯	兄	應
巳	子	身
未	才	
辰	才	世
寅	兄	
子	父	

火雷噬嗑

地支	六親	世應身
巳	子	
未	才	世
酉	官	
辰	才	
寅	兄	身 應
子	父	

山風蠱

地支	六親	世應身
寅	兄	應
子	父	身
戌	才	世
酉	官	
亥	父	
丑	才	

離宮八卦屬火

離為火

巳未酉亥丑卯
身
世 應
兄子才官子父

火風鼎

巳未酉酉亥丑
身應 世
兄子才才官子

山水蒙

寅子戌午辰寅
身世 應
父官子兄子父

天水訟

戌申午午辰寅
應
世 身
子才兄兄子父

火山旅

巳未酉申午辰
身應 世
兄子才才兄子

火水未濟

巳未酉午辰寅
應 世 身
兄子才兄子父

風水渙

卯巳未午辰寅
身世 應
父兄子兄子父

天火同人

戌申午亥丑卯
身
應 世
子才兄官子父

壬申	癸酉	甲戌	乙亥	丙子	丁丑	戊寅	己卯	庚辰	辛巳	壬午	癸未
艮	坤	艮	坤	艮	坤	艮	坤	艮	坤	艮	坤
坤	兌	乾	乾	坎	艮	艮	震	巽	巽	離	坤
庚申 艮	辛酉 坤	壬戌 艮	癸亥 坤	甲子 艮	乙丑 坤	丙寅 艮	丁卯 坤	戊辰 艮	己巳 坤	庚午 艮	辛未 坤
辛酉 離	壬戌 坎	癸亥 離	甲子 坎	乙丑 離	丙寅 坎	丁卯 離	戊辰 坎	己巳 離	庚午 坎	辛未 離	壬申 坎
壬戌 坎	癸亥 離	甲子 坎	乙丑 離	丙寅 坎	丁卯 離	戊辰 坎	己巳 離	庚午 艮	辛未 離	壬申 坎	癸酉 離
癸亥 坤	甲子 艮	乙丑 坤	丙寅 艮	丁卯 坤	戊辰 艮	己巳 坤	庚午 艮	辛未 坤	壬申 艮	癸酉 坤	甲戌 艮
甲子 震	乙丑 兌	丙寅 震	丁卯 兌	戊辰 震	己巳 兌	庚午 震	辛未 兌	壬申 震	癸酉 兌	甲戌 震	乙亥 兌
乙丑 巽	丙寅 乾	丁卯 巽	戊辰 乾	己巳 巽	庚午 乾	辛未 巽	壬申 乾	癸酉 巽	甲戌 乾	乙亥 巽	丙子 乾
丙寅 中	丁卯 中	戊辰 中	己巳 中	庚午 中	辛未 中	壬申 中	癸酉 中	甲戌 中	乙亥 中	丙子 中	丁丑 中
丁卯 乾	戊辰 巽	己巳 乾	庚午 巽	辛未 乾	壬申 巽	癸酉 乾	甲戌 巽	乙亥 乾	丙子 巽	丁丑 乾	戊寅 巽
戊辰 兌	己巳 震	庚午 兌	辛未 震	壬申 兌	癸酉 震	甲戌 兌	乙亥 震	丙子 兌	丁丑 震	戊寅 兌	己卯 震
己巳 艮	庚午 坤	辛未 艮	壬申 坤	癸酉 艮	甲戌 坤	乙亥 艮	丙子 坤	丁丑 艮	戊寅 坤	己卯 艮	庚辰 坤
庚午 離	辛未 坎	壬申 離	癸酉 坎	甲戌 離	乙亥 坎	丙子 離	丁丑 坎	戊寅 離	己卯 坎	庚辰 離	辛巳 坎
辛未 坎	壬申 離	癸酉 坎	甲戌 離	乙亥 坎	丙子 離	丁丑 坎	戊寅 離	己卯 坎	庚辰 離	辛巳 坎	壬午 離
壬申 中	癸酉 中	甲戌 中	乙亥 中	丙子 中	丁丑 中	戊寅 中	己卯 中	庚辰 中	辛巳 中	壬午 中	癸未 中
癸酉 乾	甲戌 巽	乙亥 乾	丙子 巽	丁丑 乾	戊寅 巽	己卯 乾	庚辰 巽	辛巳 乾	壬午 巽	癸未 乾	甲申 巽
甲戌 兌	乙亥 震	丙子 兌	丁丑 震	戊寅 兌	己卯 震	庚辰 兌	辛巳 震	壬午 兌	癸未 震	甲申 兌	乙酉 震
乙亥 艮	丙子 坤	丁丑 艮	戊寅 坤	己卯 艮	庚辰 坤	辛巳 艮	壬午 坤	癸未 艮	甲申 坤	乙酉 艮	丙戌 坤
丙子 離	丁丑 坎	戊寅 離	己卯 坎	庚辰 離	辛巳 坎	壬午 離	癸未 坎	甲申 離	乙酉 坎	丙戌 離	丁亥 坎

甲申	乙酉	丙戌	丁亥	戊子	己丑	庚寅	辛卯	壬辰	癸巳	甲午	乙未
艮	坤	艮	坤	艮	坤	艮	坤	艮	坤	艮	坤
坤	兌	乾	乾	坎	艮	艮	震	巽	巽	離	坤
壬申 艮	癸酉 坤	甲戌 艮	乙亥 坤	丙子 艮	丁丑 坤	戊寅 艮	己卯 坤	庚辰 艮	辛巳 坤	壬午 艮	癸未 坤
癸酉 離	甲戌 坎	乙亥 離	丙子 坎	丁丑 離	戊寅 坎	己卯 離	庚辰 坎	辛巳 離	壬午 坎	癸未 離	甲申 坎
甲戌 坎	乙亥 離	丙子 坎	丁丑 離	戊寅 坎	己卯 離	庚辰 坎	辛巳 離	壬午 坎	癸未 離	甲申 坎	乙酉 離
乙亥 坤	丙子 艮	丁丑 坤	戊寅 艮	己卯 坤	庚辰 艮	辛巳 坤	壬午 艮	癸未 坤	甲申 艮	乙酉 坤	丙戌 艮
丙子 震	丁丑 兌	戊寅 震	己卯 兌	庚辰 震	辛巳 兌	壬午 震	癸未 兌	甲申 震	乙酉 兌	丙戌 震	丁亥 兌
丁丑 巽	戊寅 乾	己卯 巽	庚辰 乾	辛巳 巽	壬午 乾	癸未 巽	甲申 乾	乙酉 巽	丙戌 乾	丁亥 巽	戊子 乾
戊寅 中	己卯 中	庚辰 中	辛巳 中	壬午 中	癸未 中	甲申 中	乙酉 中	丙戌 中	丁亥 中	戊子 中	己丑 中
己卯 乾	庚辰 巽	辛巳 乾	壬午 巽	癸未 乾	甲申 巽	乙酉 乾	丙戌 巽	丁亥 乾	戊子 巽	己丑 乾	庚寅 巽
庚辰 兌	辛巳 震	壬午 兌	癸未 震	甲申 兌	乙酉 震	丙戌 兌	丁亥 震	戊子 兌	己丑 震	庚寅 兌	辛卯 震
辛巳 艮	壬午 坤	癸未 艮	甲申 坤	乙酉 艮	丙戌 坤	丁亥 艮	戊子 坤	己丑 艮	庚寅 坤	辛卯 艮	壬辰 坤
壬午 離	癸未 坎	甲申 離	乙酉 坎	丙戌 離	丁亥 坎	戊子 離	己丑 坎	庚寅 離	辛卯 坎	壬辰 離	癸巳 坎
癸未 坎	甲申 離	乙酉 坎	丙戌 離	丁亥 坎	戊子 離	己丑 坎	庚寅 離	辛卯 坎	壬辰 離	癸巳 坎	甲午 離
甲申 中	乙酉 中	丙戌 中	丁亥 中	戊子 中	己丑 中	庚寅 中	辛卯 中	壬辰 中	癸巳 中	甲午 中	乙未 中
乙酉 乾	丙戌 巽	丁亥 乾	戊子 巽	己丑 乾	庚寅 巽	辛卯 乾	壬辰 巽	癸巳 乾	甲午 巽	乙未 乾	丙申 巽
丙戌 兌	丁亥 震	戊子 兌	己丑 震	庚寅 兌	辛卯 震	壬辰 兌	癸巳 震	甲午 兌	乙未 震	丙申 兌	丁酉 震
丁亥 艮	戊子 坤	己丑 艮	庚寅 坤	辛卯 艮	壬辰 坤	癸巳 艮	甲午 坤	乙未 艮	丙申 坤	丁酉 艮	戊戌 坤
戊子 離	乙丑 坎	庚寅 離	辛卯 坎	壬辰 離	癸巳 坎	甲午 離	乙未 坎	丙申 離	丁酉 坎	戊戌 離	己亥 坎

丙申	丁酉	戊戌	己亥	庚子	辛丑	壬寅	癸卯	甲辰	乙巳	丙午	丁未
艮	坤	艮	坤	艮	坤	艮	坤	艮	坤	艮	坤
坤	兌	乾	乾	坎	艮	艮	震	巽	巽	離	坤
甲申 艮	乙酉 坤	丙戌 艮	丁亥 坤	戊子 艮	己丑 坤	庚寅 艮	辛卯 坤	壬辰 艮	癸巳 坤	甲午 艮	乙未 坤
乙酉 離	丙戌 坎	丁亥 離	戊子 坎	己丑 離	庚寅 坎	辛卯 離	壬辰 坎	癸巳 離	甲午 坎	乙未 離	丙申 坎
丙戌 坎	丁亥 離	戊子 坎	己丑 離	庚寅 坎	辛卯 離	壬辰 坎	癸巳 離	甲午 坎	乙未 離	丙申 坎	丁酉 離
丁亥 坤	戊子 艮	己丑 坤	庚寅 艮	辛卯 坤	壬辰 艮	癸巳 坤	甲午 艮	乙未 坤	丙申 艮	丁酉 坤	戊戌 艮
戊子 震	己丑 兌	庚寅 震	辛卯 兌	壬辰 震	癸巳 兌	甲午 震	乙未 兌	丙申 震	丁酉 兌	戊戌 震	己亥 兌
己丑 巽	庚寅 乾	辛卯 巽	壬辰 乾	癸巳 巽	甲午 乾	乙未 巽	丙申 乾	丁酉 巽	戊戌 乾	己亥 巽	庚子 乾
庚寅 中	辛卯 中	壬辰 中	癸巳 中	甲午 中	乙未 中	丙申 中	丁酉 中	戊戌 中	己亥 中	庚子 中	辛丑 中
辛卯 乾	壬辰 巽	癸巳 乾	甲午 巽	乙未 乾	丙申 巽	丁酉 乾	戊戌 巽	己亥 乾	庚子 巽	辛丑 乾	壬寅 巽
壬震 兌	癸巳 震	甲午 兌	乙未 震	丙申 兌	丁酉 震	戊戌 兌	己亥 震	庚子 兌	辛丑 震	壬寅 兌	癸卯 震
癸巳 艮	甲午 坤	乙未 艮	丙申 坤	丁酉 艮	戊戌 坤	己亥 艮	庚子 坤	辛丑 艮	壬寅 坤	癸卯 艮	甲辰 坤
甲午 離	乙未 坎	丙申 離	丁酉 坎	戊戌 離	己亥 坎	庚子 離	辛丑 坎	壬寅 離	癸卯 坎	甲辰 離	乙巳 坎
乙未 坎	丙申 離	丁酉 坎	戊戌 離	己亥 坎	庚子 離	辛丑 坎	壬寅 離	癸卯 坎	甲辰 離	乙巳 坎	丙午 離
丙申 中	丁酉 中	戊戌 中	己亥 中	庚子 中	辛丑 中	壬寅 中	癸卯 中	甲辰 中	乙巳 中	丙午 中	丁未 中
丁酉 乾	戊戌 巽	己亥 乾	庚子 巽	辛丑 乾	壬寅 巽	癸卯 乾	甲辰 巽	乙巳 乾	丙午 巽	丁未 乾	戊申 巽
戊戌 兌	己亥 震	庚子 兌	辛丑 震	壬寅 兌	癸卯 震	甲辰 兌	乙巳 震	丙午 兌	丁未 震	戊申 兌	己酉 震
己亥 艮	庚子 坤	辛丑 艮	壬寅 坤	癸卯 艮	甲辰 坤	乙巳 艮	丙午 坤	丁未 艮	戊申 坤	己酉 艮	庚戌 坤
庚子 離	辛丑 坎	壬寅 離	癸卯 坎	甲辰 離	乙巳 坎	丙午 離	丁未 坎	戊申 離	己酉 坎	庚戌 離	辛亥 坎

戊申	己酉	庚戌	辛亥	壬子	癸丑	甲寅	乙卯	丙辰	丁巳	戊午	己未
艮	坤	艮	坤	艮	坤	艮	坤	艮	坤	艮	坤
坤	兌	乾	乾	坎	艮	艮	震	巽	巽	離	坤
丙申 艮	丁酉 坤	戊戌 艮	己亥 坤	庚子 艮	辛丑 坤	壬寅 艮	癸卯 坤	甲辰 艮	乙巳 坤	丙午 艮	丁未 坤
丁酉 離	戊戌 坎	己亥 離	庚子 坎	辛丑 離	壬寅 坎	癸卯 離	甲辰 坎	乙巳 離	丙午 坎	丁未 離	戊申 坎
戊戌 坎	己亥 離	庚子 坎	辛丑 離	壬寅 坎	癸卯 離	甲辰 坎	乙巳 離	丙午 坎	丁未 離	戊申 坎	己酉 離
己亥 坤	庚子 艮	辛丑 坤	壬寅 艮	癸卯 坤	甲辰 艮	乙巳 坤	丙午 艮	丁未 坤	戊甲 艮	己酉 坤	庚戌 艮
庚子 震	辛丑 兌	壬寅 震	癸卯 兌	甲辰 震	乙巳 兌	丙午 震	丁未 兌	戊申 震	己酉 兌	庚戌 震	辛亥 兌
辛丑 巽	壬寅 乾	癸卯 巽	甲辰 乾	乙巳 巽	丙午 乾	丁未 巽	戊申 乾	己酉 巽	庚戌 乾	辛亥 巽	壬子 乾
壬寅 中	癸卯 中	甲辰 中	乙巳 中	丙午 中	丁未 中	戊申 中	己酉 中	庚辰 中	辛卯 中	壬寅 中	癸丑 中
癸卯 乾	甲辰 巽	乙巳 乾	丙午 巽	丁未 乾	戊申 巽	己酉 乾	庚戌 巽	辛亥 乾	壬子 巽	癸丑 乾	甲寅 巽
甲辰 兌	乙巳 震	丙午 兌	丁未 震	戊申 兌	己酉 震	庚戌 兌	辛亥 震	壬子 兌	癸丑 震	甲寅 兌	乙卯 震
乙巳 艮	丙午 坤	丁未 艮	戊申 坤	己酉 艮	庚戌 坤	辛亥 艮	壬子 坤	癸丑 艮	甲寅 坤	乙卯 艮	丙辰 坤
丙午 離	丁未 坎	戊申 離	己酉 坎	庚戌 離	辛亥 坎	壬子 離	癸丑 坎	甲寅 離	乙卯 坎	丙辰 離	丁巳 坎
丁未 坎	戊申 離	己酉 坎	庚戌 離	辛亥 坎	壬子 離	癸丑 坎	甲寅 離	乙卯 坎	丙辰 離	丁巳 坎	戊午 離
戊申 中	己酉 中	庚戌 中	辛亥 中	壬子 中	癸丑 中	甲寅 中	乙卯 中	丙辰 中	丁巳 中	戊午 中	己未 中
己酉 乾	庚戌 巽	辛亥 乾	壬子 巽	癸丑 乾	甲寅 巽	乙卯 乾	丙辰 巽	丁巳 乾	戊午 巽	己未 乾	庚申 巽
庚戌 兌	辛亥 震	壬子 兌	癸丑 震	甲寅 兌	乙卯 震	丙辰 兌	丁巳 震	戊午 兌	己未 震	庚申 兌	辛酉 震
辛亥 艮	壬子 坤	癸丑 艮	甲寅 坤	乙卯 艮	丙辰 坤	丁巳 艮	戊午 坤	己未 艮	庚申 坤	辛酉 艮	壬戌 坤
壬子 離	癸丑 坎	甲寅 離	乙卯 坎	丙辰 離	丁巳 坎	戊午 離	己未 坎	庚申 離	辛酉 坎	壬戌 離	癸亥 坎

庚申	艮	坤	戊申 艮	己酉 離	庚戌 坎	辛亥 坤	壬子 震	癸丑 巽	甲寅 中	乙卯 乾	丙辰 兌	丁巳 艮	戊午 離	己未 坎	庚申 中	辛酉 乾	壬戌 兌	癸亥 艮	甲子 離
辛酉	坤	兌	己酉 坤	庚戌 坎	辛亥 離	壬子 艮	癸丑 兌	甲寅 乾	乙卯 中	丙辰 巽	丁巳 震	戊午 坤	己未 坎	庚申 離	辛酉 中	壬戌 巽	癸亥 震	甲子 坤	乙丑 坎
壬戌	艮	乾	庚戌 艮	辛亥 離	壬子 坎	癸丑 坤	甲寅 震	乙卯 巽	丙辰 中	丁巳 乾	戊午 兌	己未 艮	庚申 離	辛酉 坎	壬戌 中	癸亥 乾	甲子 兌	乙丑 艮	丙寅 離
癸亥	坤	乾	辛亥 坤	壬子 坎	癸丑 離	甲寅 艮	乙卯 兌	丙辰 乾	丁巳 中	戊午 巽	己未 震	庚申 坤	辛酉 坎	壬戌 離	癸亥 中	甲子 巽	乙丑 震	丙寅 坤	丁卯 坎

註：各位如果有注意的話，本表僅針對男長女少而列表，那其他如男少女長，或是同年的狀況又如何？因此，特將此疑義一併列表供作參考。

陽年出生女		
夫年歲大	宮	體卦
大1 10	離	山水蒙
2 11	艮	山火賁
3 12	艮	艮為山
4 13	艮	山澤損
5 14	艮	山天大畜
夫同年生者乾宮山地剝六親俱全		
夫年歲小	宮	體卦
小1 10	艮	山天大畜
2 11	艮	山澤損
3 12	艮	艮為山
4 13	艮	山火賁
5 14	離	山水蒙

夫年歲大	宮	體卦
6	乾	山地剝
7 16	巽	山風蠱
8 17	巽	山雷頤
9 18	乾	山地剝
大15歲者	艮	山火賁

夫年歲小	宮	體卦
6 15	乾	山地剝
7 16	巽	山雷頤
8 17	巽	山風蠱
小9歲者	艮	山火賁

陰年出生女

夫年歲大	宮	體卦
大1 10	坎	地火明夷
2 11	坎	地水師
3 12	坤	坤為地
4 13	坤	地雷復
5 14	震	地風升
大6歲者	坎	地火明夷

夫同年生者 坎宮 地火明夷

夫年歲小	宮	體卦
小1 10	震	地風升
2 11	坤	地雷復
3 12	坤	坤為地
4 13	坎	地水師
5 14	坎	地火明夷
6 15	兌	地山謙

7 16	坤	地天泰	7 16	坤	地澤臨
8 17	坤	地澤臨	8 17	坤	地天泰
9 18	兌	地山謙	小9歲者	坤	坤為地
大15歲者	坤	坤為地			

四、結語

本章所介紹的「締婚成卦法」，老實說，於今的婚課上亦僅是聊備一格且是「有名無實」之理論了。因此，筆者特將其另闢章節介紹，至於日後讀者各位是否要用與否，則視各人之意願而定，因爲，此法於古通書上亦非正規之合婚法則，雖然其亦自成一例，但卻是有說而不用，且亦缺乏實際吉凶之印證範例。

第三章 自己動手擇婚課

◎婚課格式範例

新郎　　先生　民國　年　月　日　時呈祥

新娘　　小姐　民國　年　月　日　時獻瑞

百年恩愛　永結同心

男方主婚：乾父　乾母　親友長輩

女方主婚：坤父　坤母　親友長輩

乾坤二造

龍圖

年	月	日	時
陽炁	妻星	天官	三煞
三刑	箭刃 無全不忌	月柱沖	河上翁 男忌

鳳局

年	月	日	時
陰胎	夫星	天嗣	三煞
三刑	箭刃 無全不忌	月柱沖	河上翁 女忌

婚日：大利　月　吉利　月　翁姑　月　父母　月

周書合卦　締婚成爻

體卦：

用卦：

命宮

孤寡

無全不忌

虎狗吞胎

姜老師風水命理工作室

財帛宮	夫妻宮	男女宮
反目	滅子胎	埋兒時
無全不忌		時

死	墓	絕

夫星	天嗣

三字無全不忌

姜威國
鳳山市海光四村八六〇號
電話・傳真：七〇二一〇九七
服務專線：〇九二八七五七七〇九

婚日吉課

根	苗	花	菓

附註摘要

◎本婚課依循古禮並視現今社會之需要而通權達變

安床	迎娶	拜堂進房	酧神
國曆　農曆　年　月　日　吉時	國曆　農曆　年　月　日　吉時	國曆　農曆　年　月　日　吉時	國曆　農曆　年　月　日　吉時
沖　歲人宜避	沖　歲人宜避	沖　歲人宜避	沖　歲人宜避

前　言

婚課格式的設計與擇日觀念的抉擇，雖然於古禮中記載的很多且清楚分明，但是，由於時代的變遷、社會型態背景的不同，致而於古俗例中，早就有許多的禮法或是習俗，已不符合時代潮流的趨勢與需要。

因此，在面對著此潮流的趨勢與變化，婚課的制定與擇吉，亦勢必要做適當的權宜更改措施，否則，若仍僅一味地恪遵古例，相信，不但會令當事人造成無限的困擾與麻煩，而且也會使得原本喜氣洋洋的婚禮，被古禮法搞得昏頭轉向，且人仰馬翻。

《玉曆嫁娶碎金賦》一向被視為嫁娶總例之法則，舉凡婚課擇日的要項，均是依此而抉擇，所以，自然地，它就成為吾輩擇覆婚課的最高指導原則。

可是，現今時代社會的背景型態均已有著顯著且極大的變遷，《碎金賦》的內容就顯得有些繁瑣與不符合時代需要的現象，因此，適當的改變與酌情的選擇，似乎已是最佳的做法。

是故，本章節的內容詮釋仍依循著《碎金賦》的條文爲骨幹，但在釋義與解析上，則完全視現今社會的需要，以及符合現今時代的潮流，而做增補刪減的考量。當然，其中或有缺失與不當之處，但希望能帶給各位一個簡單、實用且能自己動手擇婚課的指南，如此，也算是達成筆者編纂此書的心願與目的了。

《玉曆嫁娶碎金賦》原文

嫁娶之法說與知，先將女命定利期，
次用男命配選日，女命爲主要吉利。
月利期兮帝后備，不將季分三合妙，
五合六合七合宜，細查年月與日時。
周堂值夫併值婦，此日切莫會佳期，
橫天朱雀四離絕，受死往亡歸忌避。
月壓無翁日可用，壓對無姑反利期，
自縊無絞全然吉，人鬲無弓正合宜。

二至二分四立忌，反目無全休遲疑，
正四廢日真滅沒，亥不行嫁箭刃悲。
伏斷空亡妙玉皇，二德開花最合宜，
朱雀坤宮天德解，白虎行嫁麟符移。
真夫星兮並天嗣，日辰切莫沖干支，
男陽氣兮女陰胎，若是沖支定缺兒。
嫁年若犯危與產，本命羅紋貴無忌，
絕房殺月真缺子，食神有氣反多兒。
出門入門時要吉，進房大忌埋兒時，
河上翁殺忌會全，若是兩字不怕伊。
流霞無刃本不忌，紅艷推來是論時，
夫星天嗣死墓絕，三字無全用最奇。
父滅子胎虎吞胎，三奇二德太陽宜，
沖胎胎元月非正，選擇課中勿忌伊。
沖母腹日切須忌，天狗麟陽莫持疑，

三殺非真貴人解，夫星透顯會咸池。
驛馬有欄堪取用，孤寡無全用爲奇，
殺翁天德能解化，月德不怕殺姑期。
殺夫殺婦用何救，天帝天后勿爲遲，
有人會得三奇貴，破夫殺婦俱無忌。
嫁年天狗與白虎，忌占一五七宮支，
天盤麒麟看月將，貴人登天吉時移。
若得太陽同臨照，多生貴子與貴兒，
女命帶祿喜同支，夫榮子貴慶齊眉。
紅鸞天喜音剋制，破碎刑命祿貴醫，
天狗首尾神忌坐，太白凶方莫向之。
二德三奇與貴人，諸殺逢之能解移，
神殺紛紜避離盡，善在制化是真機。

×　×　×

嫁娶之法說與知，先將女命定利期

【新義】

嫁娶婚課自古以來，其抉擇的法則即是依女命爲基準點。簡單地說，就是要批一張婚課時，女命的生辰八字一定要齊全，而且要以女命的資料做爲擇日的先決條件。然而，賦文中「真夫星兮並天嗣，日辰切莫沖干支。」一語，似乎又隱含著一份大男人沙文主義的影子。畢竟，古代中國的社會型態，男人仍是社會的重心與掌控者。

定女命結婚的利期，也就是女孩子何時結婚最好，且最有利。然而，這個問題於現今的社會型態而言，根本就是一點意義都沒有，因爲，時下男女的思想觀念早就已經不同於往昔了，如未婚前的同居行爲，或未婚先孕的現象等，這些情況又如何地能以日期來限定呢？可是，儘管如此，習俗總歸是習俗，一張婚課仍是許多人據以交待與安定的定心丸，所以，這個習俗仍然延續至今。但若是照目前新新人類的概念推算，可能再過個五十年、一百年，這個擇婚課的習俗，可能也會淪爲明日歷史的名詞了。

然而未來的事，誰也無法預測得到，所以，我們還是繼續來介紹女命定利期的法則吧！

法則：依女命本位爲主。所擇取之利月須論節氣，非論月份。

陽女，即子、寅、辰、午、申、戌年生女者，順算而進；陰女，即丑、卯、巳、未、酉、亥年生女者，逆算而退。

又可分爲以下數種抉擇：

①大利月：即依女命生年支所選擇的大利婚月是也。

陽女：順進一位，併進一位之沖月。

陰女：逆退一位，併退一位之沖月。

②小利月：又謂是有妨人之長子之月。

陽女：順進二位，併進二位之沖月。

陰女：逆退二位，併退二位之沖月。

③翁姑月：擇此婚日，則新娘入門後，須候三朝登堂拜見翁姑。

陽女：順進三位，併進三位之沖月。

陰女：逆退三位，併退三位之沖月。

④父母月：若擇此婚日，則女家父母勿送新娘登轎。

陽女：順進四位，併進四位之沖月。

陰女：逆退四位，併退四位之沖月。

⑤妨夫月：謂不利婚姻，不用。

陽女：順進五位，併進五位之沖月。

陰女：逆退五位，併退五位之沖月。

⑥妨婦月：謂不利婚姻，不用。

陽女、陰女：本命位與對沖月。

茲將上述綜合列表供做便覽：

婚月＼女命	大利月	小利月	翁姑月	父母月	妨夫月	妨婦月
子	12月 6月	正月 7月	2月 8月	3月 9月	4月 10月	5月 11月
丑	11月 5月	10月 4月	9月 3月	8月 2月	7月 正月	6月 12月
寅	2月 8月	3月 9月	4月 10月	5月 11月	6月 12月	7月 正月
卯	正月 7月	12月 6月	11月 5月	10月 4月	9月 3月	8月 2月
辰	4月 10月	5月 11月	6月 12月	7月 正月	8月 2月	9月 3月
巳	3月 9月	2月 8月	正月 7月	12月 6月	11月 5月	10月 4月
午	6月 12月	7月 正月	8月 2月	9月 3月	10月 4月	11月 5月
未	5月 11月	4月 10月	3月 9月	2月 8月	正月 7月	12月 6月
申	8月 2月	9月 3月	10月 4月	11月 5月	12月 6月	正月 7月
酉	7月 正月	6月 12月	5月 11月	4月 10月	3月 9月	2月 8月
戌	10月 4月	11月 5月	12月 6月	正月 7月	2月 8月	3月 9月
亥	9月 3月	8月 2月	7月 正月	6月 12月	5月 11月	4月 10月
備註	行嫁大利月	亦稱吉利月，可用。	無翁姑，或有二德解化，可用。	無父母，或有二德解化，可用。	主殺夫，不利不用。	主殺婦，不利不用。

另附《協紀辦方》辨僞載曰：「合婚之說（此指「三元男女合婚法」而言），北方世俗用之，士大夫及南方皆不深信，而行嫁大利月則舉世用之，而不辨其非，而不知其所謂大利者，固術士之捏造而無理之甚者也。其法以女命爲主，子寅辰午申戌六陽年，自本命前一月向前順數；丑卯巳未酉亥六陰年，自本命後一月向後逆數，第一月爲大利，第二月妨媒氏首子，第三月妨翁姑，第四月妨女父母，第五月妨本身，第七月又復一轉。夫，第十二月爲女本命，第六月爲本命之衝，雖選擇無忌地支一字之理，而猶有可言，陽前陰後一月又何取以爲大利耶！且第一月利矣，以次而推，何由而妨媒氏？何由而妨翁姑？何由而妨夫婿？求之陰陽五行、九宮八卦、堪輿、建除叢辰之說，無一可通此，不亦荒誕不徑之至乎！而世俗懵然信之。一月偶愆，輒逾數歲，標梅束楚，詩之致慨於失時者，比比皆然，故曰惑世誣民之尤甚者也。今已奏准刪除。」

坊間流通的《林先知通書便覽》亦有註曰：「協紀經闢削，從俗深忌。」

由此二則之辨謬，即可證明筆者前面所說的：「時代不同了」，一切還是應以符合實際與時代潮流的趨勢爲依歸，如此，才不致於被時代所淘汰，不是嗎？

次用男命配選日，女命為主要吉利

【新義】

俗謂「男大當婚，女大當嫁。」在這個傳統又實際的觀念下。結婚日期的選擇，若僅拘限在以何方爲主的話，這似乎是太過於不合常情。畢竟，結婚是雙方面的事，因此，在擇日方面最好還是一起考量爲上。另外，就是有關所謂的「男女忌嫁娶之年」之說，如古通書所載曰：「男命犯，主多疾少樂；女命犯，主產厄，多憂疾患。」然而，如果你具有命學的理論基礎，相信對於這些俗例的取擇角度，一定能輕易地領悟與理解。以下茲將古通書「男女忌嫁娶凶年」列表整理供作參考便覽。

男女忌嫁娶凶年表示：

生年支／娶嫁年支	子	丑	寅	卯	辰	巳	午	未	申	酉	戌	亥	備註
男命	未	申	酉	戌	亥	子	丑	寅	卯	辰	巳	午	又稱「男危」。
女命	卯	寅	丑	子	亥	戌	酉	申	未	午	巳	辰	又稱「女產」。

月利期兮帝后備，不將季分三合妙。

【新義】

「月利期兮帝后備」，此句賦文於現今之林、蔡二本通書中，均沒有載入。這其中是否暗藏了什麼玄機？或是手民誤植之弊？實亦無法得知。

本句賦文若依文義直譯，則應爲「女命大利婚月應具備『帝后』二星」，但是，這「帝后」二星又是何指？筆者雖亦查遍多方的資料來對照，實在是一點道理或是一點關係也扯不上。其實，也不止筆者查不出所以然，其他如時下坊間多本的通書，或是釋義通書內容的參考書籍亦然。然而，很幸運地，近來由於經常研讀《易經》之便，居然讓筆者悟出一點眉目了。「帝后」非指著星曜而言。它真正地意義僅是隱喻著「陰陽調和」而已。如此，則完全符合選擇大利婚月的意義了。

「不將季分三合妙」，不將者，是乃「陰陽不將」之簡稱。將者，凶神也。故於嫁娶時要以選擇「不將日」爲吉。古書云：「陽將男死，陰將女亡。陰陽俱將，男女俱傷！陰陽不將，男女吉昌。」另《協紀辨方書》亦載曰：「凡嫁娶宜不將爲佳。倘無不將，如逢天德、月德、天德合、月德合、母倉、黃道、上吉、次吉、月恩、益後、續世、人民合，或日辰合吉，亦可用，卻不必拘執也。」茲爲便利各位讀者之查閱，特將十二月份中之「不將日」列出，供作參考。

正月——

己丑、丙寅、庚寅、丁卯、辛卯、己亥、丙子、庚子、丁丑、辛丑、己卯、丁亥、辛亥。

二月——

乙丑、己丑、丙寅、庚寅、乙亥、己亥、丙子、庚子、丁丑、丙戌、庚戌、丁亥。

三月——

甲子、乙丑、己丑、丁酉、甲戌、乙亥、己亥、丙子、丁丑、乙酉、己酉、丙戌、丁亥。

四月——

甲子、戊子、丙申、丁酉、甲戌、戊戌、乙亥、丙子、甲申、戊申、乙酉、丙戌、丁亥。

五月——

丙申、癸酉、甲戌、戊戌、乙亥、癸未、癸亥、甲申、戊申、乙酉、丙戌、乙未。

六月——

壬申、癸酉、甲戌、壬午、戊戌、壬戌、癸未、甲申、戊申、乙酉、甲午、戊午、乙未。

七月——

壬申、癸酉、乙巳、壬午、癸未、甲申、戊申、乙酉、癸巳、甲午、戊午、乙未。

八月——

壬申、甲辰、辛巳、壬午、癸未、甲申、壬辰、戊申、戊辰、癸巳、辛未、甲午、戊午。

九月——

庚辰、辛巳、壬午、癸未、辛卯、戊辰、壬辰、癸巳、庚午、戊午、辛未、癸卯。

十月——

庚辰、辛巳、壬午、庚寅、辛卯、壬辰、己巳、癸巳、庚午、壬寅、己卯、癸卯。

十一月——

庚辰、辛巳、己丑、庚寅、丁卯、辛卯、壬辰、己巳、丁丑、辛丑、丁巳、壬寅、己卯。

十二月——

己丑、丙寅、庚寅、辛卯、丙子、庚子、丙辰、丁丑、辛丑、己卯。

「季分」者，四時嫁娶之吉日。古通書云：「季分乃嫁娶上吉之神。」若是所擇之嫁娶日正逢將神日，則季分吉日即可解化之。另外，由於見解不同，如鰲頭、象吉、永吉等古通書所載之季分日亦有所不同。茲為便利與實用觀點，特摘錄林氏之《剋擇講義》所載的資料供做參考。

◎逐月季分吉日：

正月：壬午、戊子、丙子、壬子、辛未、己未、乙卯、癸卯等日。

二月：戊子、乙未、癸丑等日。

三月：戊寅、壬寅、甲寅、丁卯、己卯、庚午等日。
四月：乙卯、己卯、丁卯、辛卯、癸卯等日。
五月：乙丑、丁丑、己丑、辛丑、癸丑等日。
六月：己卯、戊寅、庚辰、己未等日。
七月：丙子、壬子、丙辰、己未等日。
八月：乙丑、丁丑、己丑、癸丑、己巳等日。
九月：己卯、己巳、丙午、己未等日。
十月：丁卯、辛未、戊辰、丁未、乙卯等日。
十一月：戊辰、甲辰、丙辰等日。
十二月：戊寅、壬寅、甲寅、戊辰、己巳、癸巳、乙卯等日。

「三合」者，一居白虎之位，一居官符之位，人以三合爲吉。其相關的宮位列表如下：

四利三元宮位表示

星神＼太歲	子	丑	寅	卯	辰	巳	午	未	申	酉	戌	亥
太歲	子	丑	寅	卯	辰	巳	午	未	申	酉	戌	亥
太陽	丑	寅	卯	辰	巳	午	未	申	酉	戌	亥	子
喪門	寅	卯	辰	巳	午	未	申	酉	戌	亥	子	丑
太陰	卯	辰	巳	午	未	申	酉	戌	亥	子	丑	寅
官符	辰	巳	午	未	申	酉	戌	亥	子	丑	寅	卯
死符	巳	午	未	申	酉	戌	亥	子	丑	寅	卯	辰
歲破	午	未	申	酉	戌	亥	子	丑	寅	卯	辰	巳
龍德	未	申	酉	戌	亥	子	丑	寅	卯	辰	巳	午
白虎	申	酉	戌	亥	子	丑	寅	卯	辰	巳	午	未
福德	酉	戌	亥	子	丑	寅	卯	辰	巳	午	未	申
弔客	戌	亥	子	丑	寅	卯	辰	巳	午	未	申	酉
病符	亥	子	丑	寅	卯	辰	巳	午	未	申	酉	戌

《曾門經》曰：「三合者，異位而同氣也。寅午戌，火之三合；巳酉丑，金之三合；申子辰，水之三合；亥卯未，木之三合。其日宜結會親姻、私合、交易、修營、起土、立木、上樑。」另《考原》亦載曰：「三合者，各與其月建會成三合局也。」

五合六合七合宜，細查年月與日時

【新義】

此二句賦文的重點是在第二句，而第一句實有廢話一堆之嫌，甚至其中與嫁娶無關之合亦合併充數在內，實是令人有啼笑皆非之遺憾，茲概述如下：

「五合」：

(1)人民合：戊寅、己卯兩日。最宜婚姻、合夥事。
(2)天地合：甲寅、乙卯兩日。最宜祭祀、祈福事。
(3)日月合：丙寅、丁卯兩日。最宜塑繪、開光、破土、啟攢諸事。
(4)金石合：庚寅、辛卯兩日。最宜鑄鐵器工具、造車船、造廟、開倉庫。
(5)江河合：壬寅、癸卯兩日。最宜捕獵、出行、聚會、車船旅行諸事。

《樞要曆》曰：「五合者，月內良日也，其日宜結婚姻、會親友、立劵、交易。」

「六合」：

《考原》曰：「六合者，月建與月將相合也。」

《神樞經》曰：「六合者，日月合宿之辰也，其日宜會賓客、結婚姻、立劵、交易。」

《剋擇講義》釋曰：「其六合最爲上妙之合。乃天帝左旋而合天，太陽右轉而合地，天地合德，運氣相孚，陰陽相交，故爲上吉。」

六合者，即地支六合是也。

「七合」：乃乾坤與日期逢合，併天嗣再合是也。

《擇婚秘笈》釋曰：「七合者，是指乾坤平支互合，且又各與日期合，併天嗣又與婚日又合，乃合中之至妙。」

其實，「七合」的意義即是在告訴我們於選擇婚日之時，應該要注意配合的七件要素，而這七件要素又正合賦文下句的「細查年月與日時」之真諦。

㈠、男女生年要與婚年配合對照擇用。
㈡、男女生月要與婚月配合對照擇用。
㈢、男女生日要與婚日配合對照擇用。
㈣、男女生時要與婚時配合對照擇用。
㈤、夫星與妻星於婚年月之生旺要配合擇用。
㈥、天嗣與天官於婚年月之生旺要配合擇用。

㈦、胞胎與陽氣陰胎於婚年月之生旺要配合擇用。

以上所列的七點要素，其實就是選擇婚日的重要依據，希望各位讀者宜多費些心思去探討一番。

另摘錄堃元先生依《嫁娶碎金賦》所推想的婚課選擇之「七合」意義如下：

一合女命利婚年。

二合女命月利期。

三合婚姻周堂。

四合夫星生旺。

五合天嗣生旺。

六合男命配選日，婚日須明吉凶宜忌。

七合出閨進房吉時。

能合此七件選擇條件，即爲可利用之婚課也。

周堂值夫併值婦，此日切莫會佳期。

【新義】

不管是周堂值夫或是值婦，這在古代，尤其是以「禮義之邦」自稱的中國社會，自是不可隨便疏忽的，可是，在已進入太空時代的現今社會，婚姻可說是親朋好友難得相聚的機會，因此，對於此古禮儀，在於現今的時代背景而言，早就已有名存實亡的事實了。但是，爲了顧及各位認知的權利，筆者仍將其概略地介紹於后。

《林先知通書便覽》載曰：「周者，周編也；堂者，祖先香火堂也。謂周集親眷在於堂中行禮，故名之。然，周堂諸局，惟嫁娶、移柩、納婿三局爲重。如嫁娶值翁，必堂上行禮方忌，若值姑，從俗出外暫避之，候新娘入房坐床，方回家，吉。其值第，乃公侯之弟，庶人無弟，不必忌，或謂婦人之弟，出自呂才書，當時只憑外國而已，不知傳訛，以爲男家弟，則又無稽甚矣。如納婿周堂，惟忌進贅。今人親迎，鮮行奠雁禮，何避之嫌。如行嫁白虎，周堂值路門堂日，宜書麒麟符制化；如值床，是臥其皮；值灶，是食其肉；不禳何妨；然，今人仔細，亦用麟符制化之，惟值夫婦日不用。如納采、豎造、入宅、安香、安床諸周堂，值凶星合吉日，顯曲傳用之，不可執忌。如除靈二局，兩字各分兩層，不可混看，如大月初三男、十一壻、十九值男，廿七值壻，各分析明白，切不可謂凡日專值男壻也，局中父母婦孫客仿此，其入宅局，亦如此看。如移柩局，必停喪在家方論，及除靈局所用，如值亡字方忌，如值人字，行避之可也。」

通書所戴繁瑣至極，甚至講到無法自圓其說時，即以所謂的「靈符」制化代之。

蓋，一般通書所謂的「嫁娶周堂」有三種，茲分別列述如下：

(1)嫁娶周堂。

(2)行嫁周堂。

(3)納壻周堂。（亦可用於女兒歸寧之日）

嫁娶周堂圖

(1)只論月份，不論節氣。

(2)大月：從夫算起（如圖示）。

(3)小月：從婦算起（如圖示）。

(4)第、堂、廚、灶日可用，如遇翁，姑而無翁，姑者亦可用。

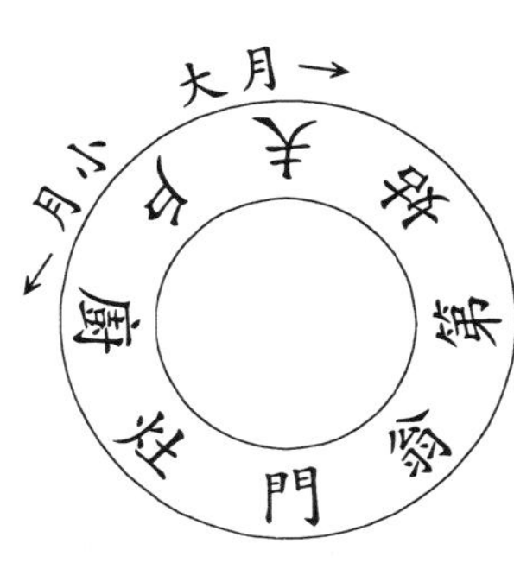

納壻周堂圖

(1)如前述。
(2)大月：從夫算起（如圖示）。
(3)小月：從戶算起（如圖示）。
(4)門、戶、廚、灶日可用。

嫁娶周堂局

一、大月份之婚日例　●：不可用。○：可用。

初一	初九	十七	廿五●	周堂值夫	此日大凶最忌不用	白虎值灶	麟符貼灶
初二	初十	十八	廿六○	周堂值姑	新人入門姑勿見面	白虎值堂	麟符貼堂
初三	十一	十九	廿七○	周堂值堂	新人候三日登堂吉	白虎值床	麟符貼床
初四	十二	二十	廿八○	周堂值翁	新人進門翁勿見面	白虎值死	麟符免用
初五	十三	廿一	廿九○	周堂值第	士宦之第非女弟也	白虎值睡	麟符貼床
初六	十四	廿二	三十○	周堂值竈	新人進門竈門遮掩	白虎值門	麟符貼門

初七　十五　廿三日　●周堂值婦　此日大凶最忌不用　白虎值路　麟符貼篙

初八　十六　廿四日　○周堂值廚　新人進門竈門遮掩　白虎值廚　麟符貼灶

註：篙子，即古代的轎子也。現已被轎車取代，麟符要貼在車子前窗上且內面向外。

二、小月份之婚日例

初一　初九　十七　廿五●周堂值婦　此日大凶最忌不用　白虎值廚　麟符貼灶

初二　十　十八　廿六○周堂值灶　新人進門灶門遮掩　白虎值路　麟符貼篙

初三　十一　十九　廿七○周堂值第　士宦門第非女弟也　白虎值門　麟符貼門

初四　十二　二十　廿八○周堂值翁　新人入門翁勿見面　白虎值晚　麟符貼床

初五　十三　廿一　廿九○周堂值堂　新人莫在堂上婚禮　白虎值死　麟符免用

初六　十四　廿二　○周堂值姑　新人進門姑勿見面　白虎值床　麟符貼床

初七　十五　廿三　●周堂值夫　此日大凶最忌不用　白虎值堂　麟符貼堂

初八　十六　廿四　○周堂值廚　新人進門灶門遮掩　白虎值灶　麟符貼灶

麒麟符範例

書寫麒麟符要以紅色紙條，與乾淨的毛筆沾硃砂墨書寫之。

奉勅令
麒麟到此

勅令
麒麟星君到此
罡
印

鳳凰符範例

書寫鳳凰符要以黃箋，與乾淨的毛筆沾黑墨書寫之。

奉北帝勅令鳳凰到此罡

奉勅令鳳凰到此

勅令鳳凰星君到此罡 印

橫天朱雀四離絕，受死往亡歸忌避。

【新義】

此二句賦文均是擇婚日所忌選之日，由於類如此種不好的日子，於古本通書中可說是名目繁多且不可勝數，因此，僅將其概略地介紹並列表示之。

(1)橫天朱雀日：即「黑道朱雀」之別稱，每月只有四日即：初一行嫁主再嫁，初九上梁回祿殃，十七埋葬起瘟病，廿五移居人財傷。其中與嫁娶有關的僅初一忌嫁娶而已。

(2)四離四絕日：即立春、立夏、立秋、立冬、春分、秋分、夏至、冬至，各前一日，是為二氣五行分判之日。故列為大忌嫁娶。（論節氣）

(3)受死、往亡、歸忌：此三者均為嫁娶之凶神惡煞日，千萬不要犯之。

逐月嫁娶婚日忌例

月/日	月破	往亡	受死	歸忌	四離	四絕
正月	申	寅	戌	丑		
二月	酉	巳	辰	寅	春分前一日	
三月	戌	申	亥	子		立夏前一日
四月	亥	亥	巳	丑		
五月	子	卯	子	寅	夏至前一日	
六月	丑	午	午	子		立秋前一日
七月	寅	酉	丑	丑		
八月	卯	子	未	寅	秋分前一日	
九月	辰	辰	寅	子		立冬前一日
十月	巳	未	申	丑		
十一月	午	戌	卯	寅	冬至前一日	
十二月	未	丑	酉	子		立春前一日

另附常用的「逐月嫁娶婚日吉例」表示，供參考。

逐月嫁娶婚日吉例

月/日	天德	月德	天德合	月德合
正月	丁	丙	壬	辛
二月	坤	甲		己
三月	壬	壬	丁	丁
四月	辛	庚	丙	乙
五月	乾	丙		辛
六月	甲	甲	己	己
七月	癸	壬	戊	丁
八月	艮	庚		乙
九月	丙	丙	辛	辛
十月	乙	甲	庚	己
十一月	巽	壬		丁
十二月	庚	庚	乙	乙

月壓無翁日可用，壓對無姑反利期。自縊無絞全然吉，人鬲無弓正合宜。

【新義】

筆者說的沒錯吧！你看，又來了一堆名目怪異的凶沖惡煞。同樣地，亦僅將此概略地介紹，並列表便覽之。反正，古代的這些術士，還真是具有「語不驚人，死不休」大無畏的精神，所謂「死是死道友，不是死貧道。」多創造出一些新的名目與新的玩意，一來可被稱爲「大師」級的人物，多光耀、多神氣；二來累死你們這些凡夫走卒之輩。好了，閒話就此打住，言歸正傳吧！

(1)月壓者，即壓於「月將」上之辰，《協紀辨方》曰：「月壓者，壓魅之神也。」另，曹震圭曰：「月壓者，壓魅之神也，其性暗昧，私邪不正，故各忌之。蓋，十一月建子，陰陽爭氣，冬至前陰氣極；冬至後陽氣生，故自建子之月，陽建順歷丑寅卯一十二辰，陰建逆歷亥戌酉一十二辰，至五月建午，二氣又同建而相爭也，亦名曰『陰建』。」是故，擇日家將其視爲妨翁、殺翁而不用，但是對於無翁者，則可用。

(2)壓對者，即月壓所衝對之日辰。《天寶曆》曰：「壓對者，月壓所衝之辰也，其日忌嫁娶。又爲招搖，忌乘船、渡水。」另，《曆例》曰：「壓對者，正月起辰，逆行十二辰。」。由於其與月壓是相對衝的，故，坊間通書俱作妨姑或殺姑而論。但是對於無姑者，則可用。

月壓與壓對表

月／日	月壓	壓對
正月	戌	辰
二月	酉	卯
三月	申	寅
四月	未	丑
五月	午	子
六月	巳	亥
七月	辰	戌
八月	卯	酉
九月	寅	申
十月	丑	未
十一月	子	午
十二月	亥	巳

附：月將吉方資料如下：

雨水　後在亥

春分　後在戌

穀雨　後在酉

小滿　後在申

夏至	大暑	處暑	秋分
後在未	後在午	後在巳	後在辰
霜降	小雪	冬至	大寒
後在卯	後在寅	後在丑	後在子

(3)自縊殺曰：顧名思義即會有上吊自殺的不好靈動。在通書例曰：「從亥上起正月，逆行至所用之月起初一，順行至巳位爲『自縊』，忌同勾絞，凶。憲不忌。」

(4)鈎絞殺曰：此爲「鈎神」與「絞殺」之合稱。鈎者，牽連之意；絞者，羈絆之名。此二煞恆處於相對衝之位，故又稱爲「亡劫」。

「鈎神」即《嫁娶碎金賦》中所言之「天罡鈎絞」，陽月爲平日，陰月爲收日；「絞殺」即所言的「河魁鈎絞」，陽月爲收日，陰月爲平日。

本句賦文是告訴我們，自縊殺日忌與鈎絞同日，是爲凶，否則，不以凶論。

自縊與鈎絞日表：

月＼日	自縊	天罡鈎絞	河魁鈎絞
正月	初七 十九	巳	亥
二月	初八 二十	子	午
三月	初九 廿一	未	丑
四月	初十 廿二	寅	申
五月	十一 廿三	酉	卯
六月	十二 廿四	辰	戌
七月	初一 十三 廿五	亥	巳
八月	初二 十四 廿六	午	子
九月	初三 十五 廿七	丑	未
十月	初四 十六 廿八	申	寅
十一月	初五 十七 廿九	卯	酉
十二月	初六 十八 三十	戌	辰

「人鬲無弓正合宜」這句賦文，是在介紹人鬲日與翻弓日，此二日均爲凶日，忌用。

(5)書云：「人鬲，乃箭也。」《鰲頭通書》云：「忌娶婦，進人口，只合嫁娶日，不避人鬲。」

〈人鬲日排法歌訣〉：

「正正金雞叫，二八羝羊眠，三九駝當路，四十兔兒繁，五十一牛叫，六臘豬作變。」

(6)弓者，翻弓也，即翻弓倒踏日是也。書曰：「人鬲勿與翻弓同，弓鬲全者便傷人。」是故，《鰲頭通書》才有「只合嫁娶曰，不避人鬲。」之說。另，例曰：「以每月建起初一，逆行支掌，遇寅午戌之位爲是，忌與人鬲同，凶。而憲書則不忌也。」

坊本通書所載之神煞宜忌，幾乎每本的意見都不盡相同，此人鬲與翻弓日即是例證。

人鬲日與翻弓日表：

月／日	人鬲	翻弓：寅	翻弓：午	翻弓：戌
正月	酉	初一、十三、廿五	初九、廿一	初五、十七、廿九
二月	未	初二、十四、廿六	初十、廿二	初六、十八、三十
三月	巳	初三、十五、廿七	十一、廿三	初七、十九
四月	卯	初四、十六、廿八	十二、廿四	初八、二十
五月	丑	初五、十七、廿九	初一、十三、廿五	初九、廿一
六月	亥	初六、十八、三十	初二、十四、廿六	初十、廿二
七月	酉	初七、十九	初三、十五、廿七	十一、廿三
八月	未	初八、二十	初四、十六、廿八	十二、廿四
九月	巳	初九、廿一	初五、十七、廿九	初一、十三、廿五
十月	卯	初十、廿二	初六、十八、三十	初二、十四、廿六
十一月	酉	十一、廿三	初七、十九	初三、十五、廿七
十二月	亥	十二、廿四	初八、二十	初四、十六、廿八

二至二分四立忌，反目無全休遲疑。

【新義】

「二至二分四立忌」，此句賦文已於前面介紹過，在此僅補充一段邵子之釋義，其云：「夏至、冬至爲陰陽相爭；春分、秋分爲日月呼吸；四立乃氣候五行絕續之交。」由於其氣間於交脫之時，故氣濁且雜，所以，俗俱以忌嫁娶認定之。

反目煞，於《剋擇講義》中早已刪除不用，故僅概述介紹，供作參考。

反目煞即會造成夫妻不同心，且有反目成仇、受虐傷害，或貧窮勞碌之情事。但夫妻相處之道，最重在誠敬，這豈是區區的一個反目煞即可一概而論的。因此，書云：「反目煞爲不實謬例，早經《剋擇講義》刪除，故雖犯亦不忌也。」

反目煞便覽表

月＼日時	正	二	三	四	五	六	七	八	九	十	十一	十二
反目	巳亥	子午	丑未	寅申	卯酉	辰戌	巳亥	子午	丑未	寅申	卯酉	辰戌

正四廢日真滅沒，亥不行嫁箭刃悲。

【新義】

擇日學的理論可說是源自於命學的結構系統，因此，只要你的命學基礎夠紮實，相信對於擇日學的論述，或是所使用的神煞宜忌觀念，一定就可以輕易地進入其紛雜繁瑣的殿堂，更甚者，自己也可以創造出幾個吉凶的神煞名目，畢竟，時下社會型態花樣的多款與複雜化，已經是不爭且司空見慣的事實，增添幾個時髦且實際的神煞名目，實在也不是一件新鮮且新奇的事，所以，各位不妨也可嚐試一下，或許有朝一日在擇日學史上，有名留千古的機會呢！

(1)正四廢日：

《曆例》載曰：「春，庚申、辛酉；夏，壬子、癸亥；秋，甲寅、乙卯；冬，丙午、丁巳。」《協紀辨方》義例按：「四廢日，干支皆死氣也。」《蓬瀛經》云：「四廢者，是五行無氣，福德不臨之辰，百事忌用。」

本來嘛！結婚之事一切皆求吉祥，所謂「花開富貴，百年好合。」如果選了一個「死氣」之日、「福德不臨」之日，那不就是「觸人霉頭」嘛！另外，於《協紀辨方書》中，更載有「四忌日」、「四窮日」，亦爲擇婚課之忌，但由於《碎金賦》中未載，故在此亦不多作贅述。

⑵真滅沒日：

真滅沒日是依據西域「二十八宿值日」的理論，而來訂定的吉凶善惡之擇日觀念，然而《剋擇講義》中卻僅有「乃四時居休廢之地，百事俱忌。」之闡釋，但卻又於後之附錄中列出「二十八宿值日」的內容（列示於後）。試想，諸如這種交待釋義的手法，怎不令後世學者有摸不著頭緒，且對其產生質疑的現象嗎？

真滅沒日

朔日逢角　弦日逢虛　虛日逢鬼　大忌不用

望日逢亢　晦日逢婁　盈日逢牛　最凶大忌

⑶亥日不行嫁：

亥日相當於晦日之惡，有月盡之義；又，亥爲十二支之盡也，依照干支組合循環的系統理念，地支之末猶如晦日之月盡，是有點不祥的意味，再加上亥乃彭祖忌之日，因此，特別將此日列爲婚嫁日之忌用。另附「彭祖百忌日」載曰：「甲不開倉。乙不栽種。丙不修灶。丁不剃頭。戊不受田。己不破劵。庚不經絡。辛不合醬。壬不汲水。癸不詞訟。子不問卜。丑不冠帶。寅不祭祀。卯不穿井。辰不器泣。巳不出行。午不苫蓋。未不服藥。申不安床。酉不會客。戌不吃犬。亥不行嫁。」（彭祖忌，只忌日，不忌時。）

(4)箭刃日：

此煞日即羊刃，飛刃是也。必有三六合與貴人解化方可用之。

詩例曰：「甲庚卯酉年爲禍，乙辛辰戌殺人多，丁癸牛羊休踏跡，丙壬子午動干戈，乾巽豬蛇爲大禍，坤艮猴虎不堪過，天干有箭支無箭，犯著災臨不宗同。」如

甲年祿在寅，刃在卯 ╲
庚平祿在申，刃在酉 ╱ 此卯酉即爲箭刃

伏斷空亡妙玉皇，二德開花最合宜。

【新義】

此二句賦文於《剋擇講義》沒有記載。另，根據《協紀辨方書》所言：「夫，理非自然，數非脗合，皆屬捏造，宜今選時之不用也。」又曰：「……且西域二十

八宿分為七政，其日各有宜忌，與中國風俗迥然不同，……並不同從也。」是故，本書在此亦從略。

朱雀坤宮天德解，白虎行嫁麟符移。

【新義】

(1)「朱雀」有橫天朱雀與紅嘴朱雀二種，其實二者是一例而二用的，所差別的是紅嘴朱雀要遁至坤宮方才有所忌。茲將其整理分別如下：

「橫天朱雀」：

例曰：「初一行嫁主再嫁，初九造屋回祿殃；十七埋坟冷退死，廿五移徙人口傷。」

「紅嘴朱雀」：

〈歌訣〉：

「紅嘴朱雀丈二長，眼似流星火耀光；等閒無事傷人命，千里飛來會過江。」

例曰：「但從震宮起甲子，巽宮甲戌順行裝，

行到中宮莫歸火，乾宮一辰莫安床，
兌上占之莫修井，艮宮莫作僧道堂，
離宮大門君莫犯，坎宮水溝大難當，
坤宮嫁娶損宅長，震宮修廚新婦亡，
巽宮一位管山野，入山伐木定遭殃。」

《剋擇講義》釋曰：「忌嫁娶損翁人，無翁不忌，有翁可取天德解化，如無天德可解，或用黃紙黑墨書寫『鳳凰到此』四字，貼於堂內坤方則吉。」（鳳凰符可見前節所介紹的）。

⑵「白虎行嫁麟符移」一句，《剋擇講義》釋義曰：「白虎，或六陽辰即名黑道白虎，或十二建除之成日白虎，或周堂局之白虎，或行嫁日與女命三合九位之白虎，或攔路之白虎，名目甚多，均宜用紅紙硃書寫『麒麟到此』四字貼制之。」

由此可見，神煞名目的建立，有很多是出自江湖術士之臆測揑造的，甚至到頭來，自己也搞不清楚是源自於何處？或是根據為何？

附〈女命三合九位之白虎〉之由來：

一、太歲　五、官符　九、白虎

二、太陽　六、死符　十、福德
三、喪門　七、歲破　十一、弔客（天狗）
四、太陰　八、龍德　十二、病符

麒麟鳳凰逐月到方查閱便覽表

逐月／宮方	麒麟	鳳凰
正月	戌	辰
二月	子	午
三月	寅	申
四月	辰	戌
五月	午	子
六月	申	寅
七月	戌	辰
八月	子	午
九月	寅	申
十月	辰	戌
十一月	午	子
十二月	申	寅

月份	朱雀	白虎	建星白虎	欄路虎
正月	卯	午	戌	初四 十六 廿八
二月	巳	申	亥	初五 十七 廿九
三月	未	戌	子	初六 十八
四月	酉	子	丑	初七 十九
五月	亥	寅	寅	初八 二十
六月	丑	辰	卯	初九 廿一
七月	卯	午	辰	初十 廿二
八月	巳	申	巳	十一 廿三
九月	未	戌	午	十二 廿四
十月	酉	子	未	初一 十三 廿五
十一月	亥	寅	申	初二 十四 廿六
十二月	丑	辰	酉	初三 十五 廿七
備註	鳳符制	麟符制	麟符制	麟符制 簥制吉

真夫星兮並天嗣，日辰切莫沖干支

【新義】

此二句賦文可謂是古代大男人社會「沙文主義」的代表。君不見，明明開宗明義即謂「嫁娶之法說與知，先將女命定利期。次用男命配選日，女命爲主要吉利。」但在此，卻又謂所選之婚日可不能沖犯到「真夫星」與「天嗣」唷！矛盾吧！然而，有什麼辦法，這就叫做「愛面子」，不是嗎？

「真夫星」的取法：（女命以正官爲夫）

依女命生年干起五虎遁，遁至正官干所在之位，其位之干支即是也。

「天嗣」的取法：（女命以食神爲天嗣）

依女命生年干起五虎遁，遁至食神干所在之位，其位之干支即是也。

真夫星中之「真」字，並不是意味著還有「假」夫星而言，其意當僅指所匹配之夫而言，所以，有時對於古書之釋義，還真是要多花費一些心思來理解，否則便會有失之毫釐，卻是差之千里之遺憾。

至於婚日不得正沖天嗣之干支，否則，將會對子嗣不利。《擇婚秘笈》曰：「所

附：女命婚嫁六親表

生年干＼十干	甲	乙	丙	丁	戊	己	庚	辛	壬	癸
甲	翁		天嗣		父	姑		夫星		母
乙		翁		天嗣	姑 父		夫星			母
丙		母	翁		天嗣		父	姑		夫星
丁		母		翁		天嗣	姑 父		夫星	
戊		夫星		母	翁		天嗣		父	姑
己	夫星			母		翁		天嗣	姑 父	
庚	父	姑		夫星		母	翁		天嗣	
辛	姑 父		夫星			母		翁		天嗣
壬	天嗣		父	姑		夫星		母	翁	
癸		天嗣	姑 父		夫星			母		翁

男命嫁娶六親表

生年干＼十干	甲	乙	丙	丁	戊	己	庚	辛	壬	癸
甲				丈母	父	妻星		天官	丈人	母
乙				丈母	妻星 父		天官		丈人	母
丙	丈人	母				丈母	父	妻星		天官
丁	丈人	母				丈母	妻星 父		天官	
戊		天官	丈人	母				丈母	父	妻星
己	天官		丈人	母				丈母	妻星 父	
庚	父	妻星		天官	丈人	母				丈母
辛	妻星 父		天官		丈人	母				丈母
壬		丈母	父	妻星		天官	丈人	母		
癸		丈母	妻星 父		天官		丈人	母		

選婚日或婚時，不論正沖或偏天嗣，均大忌而無可解，切莫用！唯限於女命之天嗣，若為寅申巳亥四字之一者，則又有不同之論法，單只忌正沖而無可解，偏沖可權衡取用之。」另，有關婚日亦不得正沖新郎命干支之論，《擇婚秘笈》附註亦曰：「結婚之月令、結婚流日、結婚流時，三者皆不可沖新郎年支，亦不可沖新娘年支，不論正沖或偏沖拘忌；但若定婚、送聘、裁衣，即使正沖夫星或妻星，只要有三奇貴、二德貴、天赦貴、天乙貴、歲德貴之五大貴人其一化解則無妨。」

男陽氣兮女陰胎，若是沖支定缺兒。

【新義】

上一句賦文是對照「真夫星兮並天嗣」而來，因此，男陽氣即指真夫星而言；女陰胎即指天嗣而言。但亦有他種之說法，如依女命祿命十二官中之第五宮男女宮（子女宮），第七宮夫妻宮，為讓其有分別，故別立其名目以辨之。另，古通書釋義曰：「男女受胎之元，從男女生月，干進一位、地支進三位而湊成，如乙亥月遁至丙寅是。」此處所指的是男女命之「先天胎元」，但為與命學中之「胎元」分辨，方才以「陽氣、陰胎」立命目。

由於「十月懷胎」的聯想，「先天胎元」之正偏沖，僅有傷其長親之虞，與子息又有何干係？因此，對於古通書上之釋義，實有待商榷之處！至於若是正偏沖及夫妻宮，以及子女宮，那對於夫星與子息就真的有影響了。所以，筆者私自臆測此處所指的，應為針對女命祿命之五、七宮而言。至於徵驗的效果有多大，還留待各位日後再多加印證之。

女命干／神煞名	真夫星	男陽氣	真天嗣	女陰胎
甲	辛未	壬申	丙寅	甲戌
乙	庚辰	乙酉	丁亥	丁亥
丙	癸巳	己亥	戊戌	辛丑
丁	壬寅	壬子	己酉	壬寅
戊	乙卯	丁亥	庚申	乙丑
己	甲戌	丙子	辛未	丙寅
庚	丁亥	戊寅	壬午	庚辰
辛	丙申	辛卯	癸巳	癸巳
壬	己酉	乙巳	甲辰	丁未
癸	戊午	戊午	乙卯	庚申

嫁年若犯危與產，本命羅紋貴無忌。

【新義】

厄，指男厄（或認爲女厄）；產，指女產。有鑑於《碎金賦》以女命爲主，故筆者認爲不論是「厄」或是「產」，均應是泛指女命而言。另，《永吉通書》亦有略同之見解，其云：「論大利平及嫁娶凶年，有劉氏家傳亦傳不驗，不必忌。」是故，至於嫁娶並不拘泥之。然，儘管應改變往昔錯誤之觀念，但爲應俗術之習，仍將《剋擇講義》相關之資料附錄於下，供作參考便覽之。

神煞名／六十甲子女	甲子	乙丑	丙寅	丁卯	戊辰	己巳
男厄	未	申	酉	戌	亥	子
女產	卯	寅	丑	子	亥	戌
神煞名／六十甲子女	丙子	丁丑	戊寅	己卯	庚辰	辛巳
男厄	未	申	酉	戌	亥	子
女產	卯	寅	丑	子	亥	戌
神煞名／六十甲子女	戊子	己丑	庚寅	辛卯	壬辰	癸巳
男厄	未	申	酉	戌	亥	子
女產	卯	寅	丑	子	亥	戌
神煞名／六十甲子女	庚子	辛丑	壬寅	癸卯	甲辰	乙巳
男厄	未	申	酉	戌	亥	子
女產	卯	寅	丑	子	亥	戌
神煞名／六十甲子女	壬子	癸丑	甲寅	乙卯	丙辰	丁巳
男厄	未	申	酉	戌	亥	子
女產	卯	寅	丑	子	亥	戌

庚午	丑	酉	壬午	丑	酉	甲午	丑	酉	丙午	丑	酉	戊午	丑	酉
辛未	寅	申	癸未	寅	申	乙未	寅	申	丁未	寅	申	己未	寅	申
壬申	卯	未	甲申	卯	未	丙申	卯	未	戊申	卯	未	庚申	卯	未
癸酉	辰	午	乙酉	辰	午	丁酉	辰	午	己酉	辰	午	辛酉	辰	午
甲戌	巳	巳	丙戌	巳	巳	戊戌	巳	巳	庚戌	巳	巳	壬戌	巳	巳
乙亥	午	辰	丁亥	午	辰	己亥	午	辰	辛亥	午	辰	癸亥	午	辰

（附註：貴人即可制化）

「羅紋貴」即羅紋交貴，或稱貴人往來之意。簡言之，就是指男女命生年與婚日之交換貴人是也。如甲申命用乙未日，乙丑命用庚子日等均是。但若是擇無此日，則以女命日柱與婚年之交貴亦可。

絕房殺月真缺子，食神有氣反多兒。

【新義】

絕房者，即絕嗣無後之日。若是各位還有印象的話，我們於前面有介紹過「天嗣」，亦即子女宮是也，因此，若是照本句賦文其義來推演，實即指沖祿命之男女宮（子女宮），或是天嗣死絕之月而言。至於其中之「天嗣」即指女命「食神」是也。（可參閱前章節表格介紹）

六神便覽表

年干＼六神	偏印	正印	比肩	刦財	食神	傷官	偏財	正財	七殺	正官
甲	壬	癸	甲	乙	丙	丁	戊	己	庚	辛
乙	癸	壬	乙	甲	丁	丙	己	戊	辛	庚
丙	甲	乙	丙	丁	戊	己	庚	辛	壬	癸
丁	乙	甲	丁	丙	己	戊	辛	庚	癸	壬
戊	丙	丁	戊	己	庚	辛	壬	癸	甲	乙
己	丁	丙	己	戊	辛	庚	癸	壬	乙	甲
庚	戊	己	庚	辛	壬	癸	甲	乙	丙	丁
辛	己	戊	辛	庚	癸	壬	乙	甲	丁	丙
壬	庚	辛	壬	癸	甲	乙	丙	丁	戊	己
癸	辛	庚	癸	壬	乙	甲	丁	丙	己	戊

出門入門時要吉，進房大忌埋兒時。

【新義】

新娘出門與入門的時辰抉擇，大致與婚日同爲拘忌。但有必須考慮現時的狀況，如男女雙方居家距離的遠近者。但大多著重於「入門時」，而其中最有關係的就是「進房大忌埋兒時」。

埋兒者，即有多生少養之患，亦即子女有多夭折之遺憾。故通書俗例大忌之。

女命支／婚時	子	丑	寅	卯	辰	巳	午	未	申	酉	戌	亥
埋兒時	丑	卯	申	丑	卯	申	丑	卯	申	丑	卯	申

另外，各位如果細心觀察的話，此「埋兒時」與前面所介紹的「絕房殺月」，根本是同出一轍，均皆從女命的生年支取義。所不同的，只不過是將「月」換做「時」而已。如表示：

婚月＼女命支	子	丑	寅	卯	辰	巳	午	未	申	酉	戌	亥
絕房殺月	丑	卯	申	丑	卯	申	丑	卯	申	丑	卯	申

（註：本例是依古通書所載之法則比較，與前述略有不同，還盼各位讀者自行研判驗證爲宜。）

河上翁殺忌會全，若是兩字不怕伊。

【新義】

河上翁殺即回頭貢殺也。《永吉通書》曰：「辨河公煞甚無來歷。黃氏云：『河上逍遙者誰乎！死能鬼乎！又名和尚煞娶婦之家。既有和尚煞嫁女之家。何不更立一尼姑煞乎！』僞可知矣，削不錄！」通書上釋義其取法如云：「申子辰全，煞未命凶！寅午戌全，殺丑命凶；巳酉丑全，煞辰命凶；亥卯未合，殺戌命凶。」整理如下：

申子辰全——殺未命　　寅午戌全——殺丑命

巳酉丑全——殺辰命　　亥卯未全——殺戌命

如四柱中三字無全，則不謂之，且不忌也。另，此煞惟有辰戌丑未四命生人有之，其餘之命則無犯。

其實，各位如果仔細地想一下，回頭貢殺即是地支三煞中的「墓庫煞」，亦稱「天煞」。試列地支三煞如下，供爲參考比較。

申子辰煞在巳午未　　巳酉丑煞在寅卯辰

寅午戌煞在亥子丑　　亥卯未煞在申酉戌

〈第一字爲劫煞，第二字爲災煞，第三字爲歲煞（或稱「天煞」、「墓庫煞」。〉

流霞無刃本不忌，紅艷推來是論時。

【新義】

「流霞無刃本不忌」中的「流霞」，是泛指著女命生產之血光災，如行嫁婚時有逢羊刃，恐有「產後亡」之遺憾。通書云：「流霞煞，如甲生命見酉時，行酉限運，是忌羊刃同到，女主產厄，男主刃傷。又云：『男主他鄉死，女主產後亡。』」

取訣詩例曰：

「甲雞乙犬丙羊如，丁見猴兒戊怕蛇；

己馬庚龍辛見兔，壬豬癸福福如麻。」

因此：

⑴女命生時就帶有流霞煞者，婚課宜忌用帶羊刃之年月日時，尤以婚時更忌。

⑵女命生時不帶流霞煞者，婚課忌流霞、羊刃二字全，尤其是日時全更忌。

「紅艷推來是論時」一句中之「紅艷」，通書釋義云：「紅艷煞，主淫亂不節，女命最忌，如丙年生人遇寅時是，辛年生人遇酉時。餘倣此。」

取訣詩例曰：

「多情多欲少人知，六丙逢寅辛見雞，

癸臨申上丁見未，眉開眼笑樂嘻嘻，

甲乙午申庚見戌，世間只是眾人妻，

戊己怕辰壬怕子，祿馬相隨作路妓，

任是富豪官宦女，花前月下會佳期。」

此煞最忌婚時爲婚日之紅艷，故宜避用之。至於詩例中「祿馬相隨作路妓」一句，古笈中有載：「男忌帶祿來，女忌帶馬歸。」之語，均是在闡釋易有淫亂不節之情事。

女命生年干／神煞名	甲	乙	丙	丁	戊	己	庚	辛	壬	癸	備註
流霞煞	酉	戌	未	申	巳	午	辰	卯	亥	寅	忌併羊刃二字全，不全不忌。
紅艷煞	午	申	寅	未	辰	辰	戌	酉	子	申	忌與祿馬三字全，不全不忌。

（註：流霞煞與紅艷煞二者，筆者經常亦將其排於斗數的命數上共參，很意外地，所得的徵驗度頗高，故在此亦附帶地告知各位讀者。）

夫星天嗣死墓絕，三字無全用最奇。

【新義】

夫星者，女命生年干之正官也；天嗣者，女命生年干之食神也。與本節賦文有類同的「真夫星兮並天嗣，曰辰切莫沖干支。」各位不妨先行回憶一下，再來看看本節賦文所指為何。

「死墓絕」是依「十干五行長生十二宮」的理論所載述的，如表所示，代表著一種氣數殆盡之義，故主傷夫、剋子或絕嗣之徵驗。但若死墓絕三字無全，則無須拘忌，然，所擇用之二字，亦不可沖犯夫星與子嗣，否則，亦忌用。

神煞名＼女命干		甲	乙	丙	丁	戊	己	庚	辛	壬	癸	
真天嗣		丙寅	丁亥	戊戌	己酉	庚申	辛未	壬午	癸巳	甲辰	乙卯	婚日大忌正沖。
正沖真天嗣		壬申	癸巳	甲辰	乙卯	丙寅	丁丑	戊子	己亥	庚戌	辛酉	婚日忌用。
天嗣	死	酉	寅	酉	寅	子	巳	卯	申	午	亥	大忌婚課得三字全局。雖得二字亦可用。
	墓	戌	丑	戌	丑	丑	辰	辰	未	未	戌	
	絕	亥	子	亥	子	寅	卯	巳	午	申	酉	
真夫星		辛未	庚辰	癸巳	壬寅	乙卯	甲戌	丁亥	丙申	己酉	戊午	婚日大忌正沖。
正沖真夫星		丁丑	丙戌	己亥	戊申	辛酉	庚辰	癸巳	壬寅	乙卯	甲子	婚日忌用。
夫星	死	巳	子	申	卯	亥	午	寅	酉	寅	酉	大忌婚課得三字全局。雖得二字亦可用。
	墓	辰	丑	未	辰	戌	未	丑	戌	丑	戌	
	絕	卯	寅	午	巳	酉	申	子	亥	子	亥	

十干五行旺衰便覽表

旺衰／十干	長生	沐浴	冠帶	臨官	帝旺	衰	病	死	墓	絕	胎	養
甲	亥	子	丑	寅	卯	辰	巳	午	未	申	酉	戌
乙	午	巳	辰	卯	寅	丑	子	亥	戌	酉	甲	未
丙	寅	卯	辰	巳	午	未	申	酉	戌	亥	子	丑
丁	酉	申	未	午	巳	辰	卯	寅	丑	子	亥	戌
戊	寅	卯	辰	巳	午	未	申	酉	戌	亥	子	丑
己	酉	申	未	午	巳	辰	卯	寅	丑	子	亥	戌
庚	巳	午	未	申	酉	戌	亥	子	丑	寅	卯	辰
辛	子	亥	戌	酉	申	未	午	巳	辰	卯	寅	丑
壬	申	酉	戌	亥	子	丑	寅	卯	辰	巳	午	未
癸	卯	寅	丑	子	亥	戌	酉	申	未	午	巳	辰

父滅子胎虎呑胎，三奇二德太陽宜。

【新義】

(1)滅子胎，即所擇之行嫁日沖五男女宮是也。分爲有二：其一爲父滅子胎，乃男命沖女命之男女宮是也；其二爲母滅子胎，乃女命生日沖男女宮是也。以上三者，惟行嫁日沖男女宮，大凶不用，其餘均可取三合、六合或二德、三奇，或太陽塡實，則吉。中國人有所謂「不孝有三，無後爲大。」因此，於婚課擇日之法則中，對於子息的重視可由其「陰胎」、「天嗣」、「滅子胎」，以及於後的「虎呑胎」等名目中窺見一斑。然而，令人疑問且嫌煩的是，目的只有一個，爲何一定要編造出那麼許多的名目來擾亂後世研習者研習的途徑呢！

附：女命「祿命十二宮」一覽表

女命／十二宮	祿命	財帛
甲	寅	丑
乙	卯	寅
丙	巳	辰
丁	午	巳
戊	巳	辰
己	午	巳
庚	申	未
辛	酉	申
壬	亥	戌
癸	子	亥
備註		

兄弟	田宅	男女	奴僕	妻妾	疾厄	遷移	官祿	福德	相貌
子	亥	戌	酉	申	未	午	巳	辰	卯
丑	子	亥	戌	酉	申	未	午	巳	辰
卯	寅	丑	子	亥	戌	酉	申	未	午
辰	卯	寅	丑	子	亥	戌	酉	申	未
卯	寅	丑	子	亥	戌	酉	申	未	午
辰	卯	寅	丑	子	亥	戌	酉	申	未
午	巳	辰	卯	寅	丑	子	亥	戌	酉
未	午	巳	辰	卯	寅	丑	子	亥	戌
酉	申	未	午	巳	辰	卯	寅	丑	子
戌	酉	申	未	午	巳	辰	卯	寅	丑

⑵虎吞胎者，即白虎吞胎是也。這又是一項「護子」的擇日法則。此煞又分有二：其一爲「當生白虎吞胎」，即當生年白虎占女命男女宮，其二爲「嫁年白虎吞胎」，即行嫁年白虎占女命男女宮是也。《擇婚秘笈》釋義曰：「嫁年是否犯虎狗吞胎，即從嫁年爲㈠數算起，接一太歲，二太陽，三喪門，四太陰，五官符，六死符，七歲破，八龍德，九白虎，十福德，十一天狗（弔客），十二病符；算至第九位，若與胎元（即以女命三合位起長生，算數至胎位即是）同一支字，名為『白虎

吞胎』；算至第十一位，若與胎元同一支字，則叫做『天狗吞胎』。」又曰：「若犯此凶物，則可選擇下列七種之一制化則吉：①取太陽麟星到胎元本宮制化。②取貴人登天時制化。③婚課三奇制化。④天德日或月德日以制化。⑤天德合與月德合以制化。⑥天赦日制化。⑦太陽日制化。」

流年太歲十二神一覽表

太歲＼星神	●太歲	○太陽	●喪門	○太陰	●官符	●死符	●歲破
子	子	丑	寅	卯	辰	巳	午
丑	丑	寅	卯	辰	巳	午	未
寅	寅	卯	辰	巳	午	未	申
卯	卯	辰	巳	午	未	申	酉
辰	辰	巳	午	未	申	酉	戌
巳	巳	午	未	申	酉	戌	亥
午	午	未	申	酉	戌	亥	子
未	未	申	酉	戌	亥	子	丑
申	申	酉	戌	亥	子	丑	寅
酉	酉	戌	亥	子	丑	寅	卯
戌	戌	亥	子	丑	寅	卯	辰
亥	亥	子	丑	寅	卯	辰	巳
備註	太歲堆黃 宅長殺	晦氣、天空 帝車（新婦殺）	帝舍（長男殺）		畜官 五鬼	小耗	大耗

○龍德	未	申	酉	戌	亥	子	丑	寅	卯	辰	巳	午	地輅（宅母殺）極富、谷將。
●白虎	申	酉	戌	亥	子	丑	寅	卯	辰	巳	午	未	
○福德	酉	戌	亥	子	丑	寅	卯	辰	巳	午	未	申	
●弔客	戌	亥	子	丑	寅	卯	辰	巳	午	未	申	酉	天狗
●病符	亥	子	丑	寅	卯	辰	巳	午	未	申	酉	戌	帝輅

女命行嫁年虎狗吞胎一覽表

出年支／嫁年	子	丑	寅	卯	辰	巳	午	未	申	酉	戌	亥
白虎吞胎	戌	未	辰	丑	戌	未	辰	丑	戌	未	辰	丑
天狗吞胎	申	巳	寅	亥	申	巳	寅	亥	申	巳	寅	亥

（附：「天狗吞胎」，待後章節再予以詳述。）

(3)「三奇二德太陽宜」。

三奇者，亦有稱「三奇貴人」。即四柱中有甲戊庚三字全者，是爲天上三奇；有乙丙丁三字全者，是爲地下三奇；有辛壬癸三字全者，是爲人中三奇。因此，有人甚至將其簡稱爲「天奇、地奇與人奇」是也。另外，還有所謂的「日月星三奇」

，然，不屬於本書範圍，故亦不多作贅述。

二德者，即天德、月德是也。茲列表便覽之。

逐月擇婚吉日一覽表

吉日＼月份	正	二	三	四	五	六	七	八	九	十	十一	十二	備註
天德	丁	坤	壬	辛	乾	甲	癸	艮	丙	乙	巽	庚	宜各項嫁娶之事
月德	丙	甲	壬	庚	丙	甲	壬	庚	丙	甲	壬	庚	同右
天德合	壬		丁	丙		己	戊		辛	庚		乙	同右
月德合	辛	己	丁	乙	辛	己	丁	乙	辛	己	丁	乙	同右
天赦日	戊寅	戊寅	戊寅	甲午	甲午	甲午	戊申	戊申	戊申	甲子	甲子	甲子	同右

《乾坤寶典》曰：「天德者，天之福德方。所理之方、所值之日，可以興土功、營宮室。」《考原》曰：「天德者，三合之氣也。」《協紀辨方書》更言之：「天德所在，用之無不吉，順天也。」

《天寶曆》曰：「月德者，月之德神也，取土修營，宜向其方，宴樂上官，利用其日。」另，曹震圭釋義曰：「月德者，月中之陽德也，故幹爲尊，枝爲卑，是臣求君德也，以三合五行陽干爲德。假令寅午戌三合爲火，以丙爲德，是各求自旺之幹爲應助也，餘倣此。」

由於天、月二德是順天應地之福德徵象，因此，舉凡諸煞皆可解化助吉。

(4)、太陽者，月將也。婚嫁擇日學中經常用到「太陽月將過宮」的理論，來推演出如「貴人登天時」、「麒麟星到宮」等法則來制化「虎狗吞胎」之煞神。

太陽月將過宮吉方一覽表

逐月／宮方	雨水 驚蟄	春分 清明	穀雨 立夏	小滿 芒種	夏至 小暑	大暑 立秋	處暑 白露	秋分 寒露	霜降 立冬	小雪 大雪	冬至 小寒	大寒 立春
月將	亥	戌	酉	申	未	午	巳	辰	卯	寅	丑	子

沖胎胎元月非正，選擇課中勿忌伊。

【新義】

一般嫁娶擇日書上所載之「胎元」，均是以女命三合長生位起長生，順數至胎位，即是也；而與胎元居對沖之位者，即爲「沖胎」，如表所示。然而，若是接讀上句賦文「父滅子胎虎吞胎」所指之義來對照，又好像有所出入。但若根據事實來推敲，應以後者即沖女命之男女宮方爲合理。然而，這僅是筆者私自的推論而已，至於正確用法如何，還盼先進前輩指教爲是。

胎元日與沖胎日一覽表

女命支／婚日	子	丑	寅	卯	辰	巳	午	未	申	酉	戌	亥
胎元日	午	卯	子	酉	午	卯	子	酉	午	卯	子	酉
沖胎日	子	酉	午	卯	子	酉	午	卯	子	酉	午	卯

註：子、午、卯、酉四者，是爲「四正」，又稱「四敗」之地，「四桃花」之地。

沖母腹日切須忌，天狗麟陽莫持疑。

【新義】

看吧！又來了，「沖母腹日切須忌」也是在為保護子息而訂定的條款。沖母腹，即沖女命日，大凶勿用。

「天狗麟陽莫持疑」，本句賦文與「虎吞胎」有著相連的關係。通書謂：「天狗者，即從女命支位起一太歲，……九白虎，……十一天狗，則戌日即為子年生女之天狗日，餘照此推。」

另按：「天狗須用太陽、麟星、三合照臨方可化解，但現亦少用。又每月逢戌日，亦為天狗，惟七月戌日、十一月寅日為正天狗日勿用，其餘諸月之滿日天狗，則取太陽或麒麟星到宮，或三合、六合、照臨俱吉。」

天狗與白虎二煞，於古通書的認定，均視為會對胎兒有害，因此，就訂定了許多化解之法。以下即將相關之用法介紹解析於後，供為選擇應用之。

太陽麒麟星逐月十二時占宮便覽表

母父	
滅子胎	父滅子胎乃乾命沖坤命男女宮母滅子胎乃坤命自沖男女宮宜三德奇太陽合制化
白虎呑胎	以女命三合位起長生順算至胎元位忌與嫁年之白虎同則是宜太陽麟星登貴解化

嫁娶　太陽麒麟星到宮定局　制白虎天狗

	月麟	太陽	子時	丑時	寅時	卯時	辰時	巳時	午時	未時	申時	酉時	戌時	亥時
立春	戌	子	戌	亥	子	丑	寅	卯	辰	巳	午	未	申	酉
雨水	戌	亥	亥	子	丑	寅	卯	辰	巳	午	未	申	酉	戌
驚蟄	子	亥	丑	寅	卯	辰	巳	午	未	申	酉	戌	亥	子
春分	子	戌	寅	卯	辰	巳	午	未	申	酉	戌	亥	子	丑
清明	寅	戌	辰	巳	午	未	申	酉	戌	亥	子	丑	寅	卯
穀雨	寅	酉	巳	午	未	申	酉	戌	亥	子	丑	寅	卯	辰
立夏	辰	酉	未	申	酉	戌	亥	子	丑	寅	卯	辰	巳	午
小滿	辰	申	申	酉	戌	亥	子	丑	寅	卯	辰	巳	午	未
芒種	午	申	戌	亥	子	丑	寅	卯	辰	巳	午	未	申	酉
夏至	午	未	亥	子	丑	寅	卯	辰	巳	午	未	申	酉	戌
小暑	申	未	丑	寅	卯	辰	巳	午	未	申	酉	戌	亥	子
大暑	申	午	寅	卯	辰	巳	午	未	申	酉	戌	亥	子	丑
立秋	戌	午	辰	巳	午	未	申	酉	戌	亥	子	丑	寅	卯
處暑	戌	巳	巳	午	未	申	酉	戌	亥	子	丑	寅	卯	辰
白露	子	巳	未	申	酉	戌	亥	子	丑	寅	卯	辰	巳	午
秋分	子	辰	申	酉	戌	亥	子	丑	寅	卯	辰	巳	午	未
寒露	寅	辰	戌	亥	子	丑	寅	卯	辰	巳	午	未	申	酉
霜降	寅	卯	亥	子	丑	寅	卯	辰	巳	午	未	申	酉	戌
立冬	辰	卯	丑	寅	卯	辰	巳	午	未	申	酉	戌	亥	子
小雪	辰	寅	寅	卯	辰	巳	午	未	申	酉	戌	亥	子	丑
大雪	午	寅	辰	巳	午	未	申	酉	戌	亥	子	丑	寅	卯
冬至	午	丑	巳	午	未	申	酉	戌	亥	子	丑	寅	卯	辰
小寒	申	丑	未	申	酉	戌	亥	子	丑	寅	卯	辰	巳	午
大寒	申	子	申	酉	戌	亥	子	丑	寅	卯	辰	巳	午	未

年	白虎占	天狗占	宜麟到	宜陽到	
子年	申	戌	寅申子辰巳	辰戌寅午卯	制
丑年	酉	亥	卯酉巳丑辰	巳亥卯未寅	制
寅年	戌	子	辰戌寅午卯	子午辰申丑	制
卯年	亥	丑	巳亥卯未寅	丑未巳酉子	制
辰年	子	寅	子午辰申丑	寅申午戌亥	制
巳年	丑	卯	丑未巳酉子	卯酉未亥戌	制
午年	寅	辰	寅申午戌亥	辰戌子申酉	制
未年	卯	巳	卯酉未亥戌	巳亥丑酉申	制
申年	辰	午	辰戌子申酉	子午寅戌未	制
酉年	巳	未	巳亥丑酉申	丑未卯亥午	制
戌年	午	申	子午寅戌未	寅申子辰巳	制
亥年	未	酉	丑未卯亥午	卯酉丑巳辰	制

（註：本表摘錄自《林先知通書便覽》。）

麟（麒麟）陽（太陽）占方制虎（白虎）狗（天狗）一覽表

麟陽 ＼ 狗虎	子	丑	寅	卯	辰	巳	午	未	申	酉	戌	亥
到宮	子	丑	寅	卯	辰	巳	午	未	申	酉	戌	亥
照宮	午	未	申	酉	戌	亥	子	丑	寅	卯	辰	巳
三合	申 辰	巳 酉	午 戌	未 亥	申 子	酉 丑	戌 寅	亥 卯	子 辰	丑 巳	寅 午	卯 未
六合	丑	子	亥	戌	酉	申	未	午	巳	辰	卯	寅

麒麟鳳凰逐月到方（宮）一覽表

宮方 ＼ 逐月	正月	二月	三月	四月	五月	六月	七月	八月	九月	十月	十一月	十二月
麒麟	戌	子	寅	辰	午	申	戌	子	寅	辰	午	申
鳳凰	辰	午	申	戌	子	寅	辰	午	申	戌	子	寅

註：《三峰嫁娶金寶鏡歌》曰：「麒麟日可制白虎、天狗，鳳凰日可制朱雀。」

其實，對於保「嗣」護「胎」，除了麒麟、太陽外，天德、月德之功效更好。

因爲，天月二德乃召福之吉神，若再與麒麟同到一宮，且又到所坐向方隅，則發福解禍是定然之事。所以，前節賦文方有「三奇二德太陽宜」之結論。由此可見，選擇一道可千萬不要太過拘泥於死的定律與死的法則，否則，一張婚課表格保證你無從下手。

三殺非真貴人解，夫星透顯會咸池。

【新義】

三殺者，劫煞、災煞、天煞（亦稱「墓庫煞」）。通書謂「嫌三字用全，二字則不須拘忌。」

其實，三殺就是一種方向殺，如下列示：

申子辰合水，屬北方——三殺在南方巳午未。

亥卯未合木，屬東方——三殺在西方申酉戌。

寅午戌合火，屬南方——三殺在北方亥子丑。

巳酉丑合金，屬西方——三殺在東方寅卯辰。

咸池者，即桃花煞也。若是「夫星透顯」的話，恐夫君會犯桃花而喜歡在外搞三捻四。其實，豈止是妻子會怕丈夫有此現象，丈夫更怕妻子有「爬牆」之事，畢竟「綠巾壓頂」可不是一件光榮的事，便何況是在古中國大男人主義的社會裡。因此，筆者認為在擇婚課時，婚日均忌用男女命之咸池煞。通書上亦釋義曰：「桃花煞，此煞男女命皆忌，乃五行沐浴也。主淫亂不節，女命最忌（不公平）；又名咸池煞。」至於其取法如後。

〈詩例歌訣〉：

「寅午戌兔徒榮視事，巳酉丑躍馬南方走；
申子辰雞叫亂人倫，亥卯未鼠子當頭忌。」

另附「五行十二長生」便覽表，以供參考。

五行十二長生便覽表

十二長生／五行	長生	沐浴	冠帶	臨官	帝旺	衰	病	死	墓	絕	胎	養
火	寅	卯	辰	巳	午	未	申	酉	戌	亥	子	丑
木	亥	子	丑	寅	卯	辰	巳	午	未	申	酉	戌
金	巳	午	未	申	酉	戌	亥	子	丑	寅	卯	辰
水・土	申	酉	戌	亥	子	丑	寅	卯	辰	巳	午	未

（附註：本表是採用〈紫微斗數命學〉中「水・土同長生」的理論：至於八字命學則採「火・土同長生」的見解。至於誰有理？誰無理？筆者於拙著《全方位論斗數》（一九九六年由益群書店發行）一書中，有很詳盡地剖析與釋辨，有興趣者，請逕自購閱即可，在此就不多作贅述。）

驛馬有欄堪取用，孤寡無全用為奇。

【新義】

驛馬，又稱馬元，其法是以女命三合位起長生，尋至病位即是，故又稱爲病馬（可對照前節所附「五行十二長生」便覽表參考）。

於古命學中，對於「馬」的用法很多，如：

「四生馬」：即生年納音居四生之地謂之。

「四專馬」：即馬上得祿者，如甲寅之類。

「聲名馬」：即馬上得食神者，如甲見丙之類。

「啣花馬」：即生年納音臨官又遇驛馬者，如庚申遇寅馬臨官之地是也。男主淫蕩，女主私情。

另外，還有「折足馬」、「火燒馬」，「負尸馬」等，實是不可勝數。

再者，於命學理論中，很重視祿、馬共用且相輔相成的關係，如所謂的「祿不趕不發，馬不欄不住。」換言之，最好是「祿馬共馳」，定主發富。馬前一位爲「欄」，馬後一位爲「鞭」，如巳酉丑人，亥日爲驛馬，取子時欄之，而戌時則爲鞭了。

又，有欄之馬稱爲「回頭馬」。

孤寡者，即孤辰、寡宿也。亦稱爲「隔角煞」。俗謂「男怕孤辰，女怕寡宿」。因此，於擇用上，務必要辨別清楚。

通書云：「孤辰寡宿，四柱有全者，大凶，吉不能抵制，單則不忌。」

茲將「孤寡」之取法列示如次：

	亥子丑生人		
			(寡)戌
(孤)寅	丑	子	亥

巳	午	未	(孤)申
(寡)辰	巳午未生人		

（孤）巳			
辰	寅卯辰生人		
卯			
寅	（寡）丑		

		（寡）未	申
	申酉戌生人		酉
			戌
			（孤）亥

補附「驛馬」之取法：

申子辰生人——驛馬在寅。卯爲欄、丑爲鞭。

亥卯未生人——驛馬在巳。午爲欄、辰爲鞭。

寅午戌生人——驛馬在申。酉爲欄、未爲鞭。

巳酉丑生人——驛馬在亥。子爲欄、戌爲鞭。

殺翁天德能解化，月德不怕殺姑期。

【新義】

此二句賦文主要在解釋「殺翁日」與「殺姑日」之禁忌，簡單地說，就是婚日不可犯之也。但若無翁、姑者，即不忌也。

「殺翁日」，即女命生年支的前一辰是也。如女命生年支爲子，則「丑」日即爲殺翁日。

「殺姑日」，即女命生年支的前七位是也。如女命生年支爲子，則「未」日即爲殺姑日。

然此二煞日，均可用歲德、天德解化。

各位若是有印象的話，前面賦文亦有相類似的禁忌記載，即「月壓無翁日可用」、「壓對無姑反利期」。

也就是說「月壓日」與「壓對日」亦有妨翁、妨姑之禁忌。類此別立名目，但作用卻相同的情形，於古通書經常可見，實在是令人百思不解。因此，對於近年來，有人提倡「新通書」的運動，筆者誠心地舉雙手贊成，所謂「去蕪存菁」，一些不符合時代風俗之拘忌，早就應該改革與更新了。

女命生年支／月日	翁姑月	月壓	殺翁	壓對	殺姑
子	二月 八月	子	丑	午	未
丑	三月 九月	亥	寅	巳	申
寅	四月 十月	戌	卯	辰	酉
卯	五月 十一月	酉	辰	卯	戌
辰	六月 十二月	申	巳	寅	亥
巳	正月 七月	未	午	丑	子
午	二月 八月	午	未	子	丑
未	三月 九月	巳	申	亥	寅
申	四月 十月	辰	酉	戌	卯
酉	五月 十一月	卯	戌	酉	辰
戌	六月 十二月	寅	亥	申	巳
亥	正月 七月	丑	子	未	午
備註		依流月計。	歲德、天德可解。	依流月計。	歲德、天德可解。

殺夫殺婦用何救，天帝天后勿為遲。

有人會得三奇貴，破夫殺婦俱無忌。

【新義】

「殺夫」，即是婚日不擇沖男命生年支是也。

「殺婦」，即是婚日不擇沖女命生年支是也。

至於坊間通書有謂：

「殺夫與殺婦，皆以祿命一、七宮支爲論。若是沖女命一宮支爲『殺婦』，沖女命七宮支爲『殺夫』，但沖七宮支即爲『殺夫、殺婦』，尤其正沖最忌。」

乍看之下，似乎有些道理，因爲一宮爲女命之「祿命宮」，七宮爲女命的「夫妻宮」，而「夫妻宮」所指即爲夫也。其實，若是仔細地去推敲一下，就知道其中的差距甚大也。一個是「直接」，一個是「間接」，試問，力量孰大？徵驗度孰強？又，男命亦有「夫妻宮」，爲何卻沒有提及是否能沖犯？

「天帝」者，即指地球而言，論中氣。

「天后」者，即月德是也，論入節。

於應用上，帝、后之力，在日重、在時輕。

天帝、天后便覽表

正月	氣後：天帝「寅」日時 節後：天后「丙」日時
二月	氣後：天帝「卯」日時 節後：天后「甲」日時

三月	氣後：天帝「辰」日時	節後：天后「壬」日時
五月	氣後：天帝「午」日時	節後：天后「丙」日時
七月	氣後：天帝「申」日時	節後：天后「壬」日時
九月	氣後：天帝「戌」日時	節後：天后「丙」日時
十一月	氣後：天帝「子」日時	節後：天后「壬」日時

四月	氣後：天帝「巳」日時	節後：天后「庚」日時
六月	氣後：天帝「未」日時	節後：天后「甲」日時
八月	氣後：天帝「酉」日時	節後：天后「庚」日時
十月	氣後：天帝「亥」日時	節後：天后「甲」日時
十二月	氣後：天帝「丑」日時	節後：天后「庚」日時

其實於《碎金賦》上，有關新郎與新娘的所擇婚日之拘忌，除了此「殺夫、殺婦」外，另有如大利婚月中之「妨夫主月」與「妨女命月」；嫁娶周堂之值「夫」日與值「婦」日均是。各位不妨再翻閱前章節對照參考。

嫁年天狗與白虎，忌占一五七宮支

【新義】

天狗與白虎二煞，自古俗術即認爲凡於行年所占之宮，均會對其宮造成傷害，如占男女宮則有傷子息，因此，於前賦文中才會有「天狗呑胎」與「白虎呑胎」之論調。（虎狗占五宮）

另外，若是行年天狗、白虎占女命一宮，則認為是有傷女命；若占夫妻宮（即七宮），則有傷丈夫。因此，對於制化天狗、白虎之法則，在通書的章節中，可說是經常可見的。而一般制化之法則是取三六合、三德奇，帝后、貴人等。

女命之祿命十二宮：一命宮、二財帛宮、三兄弟宮、四田宅宮、五男女宮、六奴僕宮、七夫妻宮、八疾厄宮、九遷移宮、十官祿宮、十一福德宮、十二相貌宮。有關這十二宮位，各位務必先行背誦，如此，對於通書中所採用的拘忌法則，自可輕鬆地對照理解。

女命的一祿命宮，五男女宮、七夫宮，均由年干推演而得。男女宮、夫宮若與嫁年的白虎、天狗同宮，則於擇婚課亦可取月將（太陽）、月麟星，時麟星到宮，對宮、三合宮、六合宮制化。

另若為「父滅子胎」（男命支沖男女宮），或「母滅子胎」（女命支自沖男女宮），須於婚課中取歲德，天、月德、三奇、太陽等制化。

女命生年干擇婚課參考表：

女命之生年干	一宮（祿命宮）之支位	五宮（男女宮）之支位	七宮（夫妻宮）之支位	父母滅子胎之生年支	白虎天狗佔五宮（男女宮）之年	白虎天狗佔七宮（夫妻宮）之年
甲	寅	戌	申	辰	寅子年	子戌年
乙	卯	亥	酉	巳	卯丑年	丑亥年
丙	巳	丑	亥	未	巳卯年	卯丑年
丁	午	寅	子	申	巳卯年	辰寅年
戊	巳	丑	亥	未	午辰年	卯丑年
己	午	寅	子	申	午辰年	辰寅年
庚	申	辰	寅	戌	申午年	午辰年
辛	酉	巳	卯	亥	酉未年	巳卯年
壬	亥	未	巳	丑	亥酉年	酉未年
癸	子	申	午	寅	子戌年	戌申年

逐月虎狗占宮與麟陽制化便覽表

橫看直取	白虎天狗占宮	麒麟星到宮	麒麟星照宮	麒麟星合化
天狗白虎	吞胎子宮	子宮制	午宮制	申辰 丑宮制
天狗白虎	占在丑宮	丑宮制	未宮制	巳酉 子宮制
天狗白虎	占在寅宮	寅宮制	申宮制	午戌 亥宮制
天狗白虎	吞胎卯宮	卯宮制	酉宮制	亥未 戌宮制
天狗白虎	占在辰宮	辰宮制	戌宮制	申子 酉宮制
天狗白虎	占在巳宮	巳宮制	亥宮制	酉丑 申宮制

月將在子	正月 立替後	麟星在戌
子時麟星占戌宮		午時麟星占辰宮
丑時麟星占亥宮		未時麟星占巳宮
寅時麟星占子宮		申時麟星占午宮
卯時麟星占丑宮		酉時麟星占未宮
辰時麟星占寅宮		戌時麟星占申宮
巳時麟星占卯宮		亥時麟星占酉宮

橫看直取	白虎天狗占宮	麒麟星到宮	麒麟星照宮	麒麟星合化
天狗白虎	吞胎午宮	午宮制	子宮制	寅戌 未宮制
天狗白虎	占在未宮	未宮制	丑宮制	亥卯 午宮制
天狗白虎	占在申宮	申宮制	寅宮制	子辰 巳宮制
天狗白虎	吞胎酉宮	酉宮制	卯宮制	巳丑 辰宮制
天狗白虎	占在戌宮	戌宮制	辰宮制	寅午 卯宮制
天狗白虎	占在亥宮	亥宮制	巳宮制	卯未 寅宮制

月將在亥	正月 雨水後	麟星在戌
子時麟星占亥宮		午時麟星占巳宮
丑時麟星占子宮		未時麟星占午宮
寅時麟星占丑宮		申時麟星占未宮
卯時麟星占寅宮		酉時麟星占申宮
辰時麟星占卯宮		戌時麟星占酉宮
巳時麟星占辰宮		亥時麟星占戌宮

月將在亥	二月 驚蟄後	麟星在子			
子時麟星占丑宮	丑塒麟星占寅宮	寅時麟星占卯宮	卯時麟星占辰宮	辰時麟星占巳宮	巳時麟是占午宮
午時麟星占未宮	未時麟星占申宮	申時麟星占酉宮	酉時麟星占戌宮	戌時麟星占亥宮	亥時麟星占子宮

月將在戌	三月 清明後	麟星在寅			
子時麟星占辰者	丑時麟星占巳者	寅時麟星占午宮	卯時麟星占未宮	辰時麟星占申宮	巳時麟星占酉宮
午時麟是占戌宮	未時麟是占亥宮	申時麟星占子宮	酉時麟星占丑宮	戌時麟星占寅宮	亥時麟星占卯宮

月將在酉	四月 立夏後	麟星在辰			
子時麟星占未宮	丑時麟星占申宮	寅時麟星占酉宮	卯時麟星占戌宮	辰時麟星占亥宮	巳時麟星占子宮
午時麟星占丑宮	未時麟星占寅宮	申時麟是占卯宮	酉時麟星占辰宮	戌時麟星占巳宮	亥時麟星占午宮

月將在戌	二月 春分後	麟星在子			
子時麟星占寅宮	丑時麟星占卯宮	寅時麟星占辰宮	卯時麟星占巳宮	辰時麟星占午宮	巳時麟星占未宮
午時麟星占申宮	未時麟星占酉宮	申時麟星占戌宮	酉時麟星占亥宮	戌時麟星占子宮	亥時麟星占丑者

月將在酉	三月 穀雨後	麟星在寅			
子時麟星占巳者	丑時麟星占午者	寅時麟星占未宮	卯時麟星占申宮	辰時憐星占酉宮	巳時麟星占戌宮
午時麟是占亥宮	未時麟是占子宮	申時麟星占丑宮	酉時麟星占寅宮	戌時麟星占卯宮	亥時麟星占辰宮

月將在申	四月 小滿後	麟星在辰			
子時麟星占申宮	丑時麟是占酉宮	寅時麟星占戌宮	卯時麟星占亥宮	辰時麟星占子宮	巳時麟是占丑宮
午時麟星占寅宮	未時麟星占卯宮	申時麟星占辰宮	酉時麟星占巳宮	戌時麟星占午宮	亥時麟是占未宮

五月 芒種後	月將在申	麟星在午
子時麟星占戌宮	午時麟星占辰宮	
丑時麟星占亥宮	未時麟星占巳宮	
寅時麟星占子宮	申時麟星占午宮	
卯時麟星占丑宮	酉時麟星占未宮	
辰時麟星占寅宮	戌時麟星占申宮	
巳時麟星占卯宮	亥時麟星占酉宮	

六月 小暑後	月將在未	麟星在申
子時麟星占丑宮	午時麟星占未宮	
丑時麟星占寅宮	未時麟星占申宮	
寅時麟星占卯宮	申時麟星占酉宮	
卯時麟星占辰宮	酉時麟星占戌宮	
辰時麟星占巳宮	戌時麟星占亥宮	
巳時麟星占午宮	亥時麟星占子宮	

七月 立秋後	月將在午	麟星在戌
子時麟星占辰宮	午時麟星占戌宮	
丑時麟星占巳宮	未時麟星占亥宮	
寅時麟星占午宮	申時麟星占子宮	
卯時麟星占未宮	酉時麟星占丑宮	
辰時麟星占申宮	戌時麟星占寅宮	
巳時麟星占酉宮	亥時麟星占卯宮	

五月 夏至後	月將在未	麟星在午
子時麟星占亥宮	午時麟星占巳宮	
丑時麟星占子宮	未時麟星占午宮	
寅時麟星占丑宮	申時麟星占未宮	
卯時麟星占寅宮	酉時麟星占申宮	
辰時麟星占卯宮	戌時麟星占酉宮	
巳時麟星占辰宮	亥時麟星占戌宮	

六月 大暑後	月將在午	麟星在申
子時麟星占寅宮	午時麟星占申宮	
丑時麟星占卯宮	未時麟星占酉宮	
寅時麟星占辰宮	申時麟星占戌宮	
卯時麟星占巳宮	酉時麟星占亥宮	
辰時麟星占午宮	戌時麟星占子宮	
巳時麟星占未宮	亥時麟星占丑宮	

七月 處暑後	月將在巳	麟星在戌
子時麟星占巳宮	午時麟星占亥宮	
丑時麟星占午宮	未時麟星占子宮	
寅時麟星占未宮	申時麟星占丑宮	
卯時麟星占申宮	酉時麟星占寅宮	
辰時麟星占酉宮	戌時麟星占卯宮	
巳時麟星占戌宮	亥時麟星占辰宮	

八月　白露後	月將在巳	麟星在子
子時麟星占未宮	午時麟星占丑宮	
丑時麟星占申宮	未時麟星占寅宮	
寅時麟星占酉宮	申時麟星占卯宮	
卯時麟星占戌宮	酉時麟星占辰宮	
辰時麟星占亥宮	戌時麟星占巳宮	
巳時麟星占子宮	亥時麟星占午宮	

九月　寒露後	月將在辰	麟星在寅
子時麟星占戌宮	午時麟星占辰宮	
丑時麟星占亥宮	未時麟星占巳宮	
寅時麟星占子宮	申時麟星占午宮	
卯時麟星占丑宮	酉時麟星占未宮	
辰時麟星占寅宮	戌時麟星占申宮	
巳時麟星占卯宮	亥時麟星占酉宮	

十月　立冬後	月將在卯	麟星在辰
子時麟星占丑宮	午時麟星占未宮	
丑時麟星占寅宮	未時麟星占申宮	
寅時麟星占卯宮	申時麟星占酉宮	
卯時麟星占辰宮	酉時麟星占戌宮	
辰時麟星占巳宮	戌時麟星占亥宮	
巳時麟星占午宮	亥時麟星占子宮	

八月　秋分後	月將在辰	麟星在子
子時麟星占申宮	午時麟星占寅宮	
丑時麟星占酉宮	未時麟星占卯宮	
寅時麟星占戌宮	申時麟星占辰宮	
卯時麟星占亥宮	酉時麟星占巳宮	
辰時麟星占子宮	戌時麟星占午宮	
巳時麟星占丑宮	亥時麟星占未宮	

九月　霜降後	月將在卯	麟星在寅
子時麟星占亥宮	午時麟星占巳宮	
丑時麟星占子宮	未時麟星占午宮	
寅時麟星占丑宮	申時麟星占未宮	
卯時麟星占寅宮	酉時麟星占申宮	
辰時麟星占卯宮	戌時麟星占酉宮	
巳時麟星占辰宮	亥時麟星占戌宮	

十月　小雪後	月將在寅	麟星在辰
子時麟星占寅宮	午時麟星占申宮	
丑時麟星占卯宮	未時麟星占酉宮	
寅時麟星占辰宮	申時麟星占戌宮	
卯時麟星占巳宮	酉時麟星占亥宮	
辰時麟星占午宮	戌時麟星占子宮	
巳時麟星占未宮	亥時麟星占丑宮	

十一月 大雪後	月將在寅	麟星在午
子時麟星占辰宮	午時麟星占戌宮	
丑時麟星占巳宮	未時麟星占亥宮	
寅時麟星占午宮	申時麟星占子宮	
卯時麟星占未宮	酉時麟星占丑宮	
辰時麟星占申宮	戌時麟星占寅宮	
巳時麟星占酉宮	亥時麟星占卯宮	

十二月 小寒後	月將在丑	麟星在申
子時麟星占未宮	午時麟星占丑宮	
丑時麟星占申宮	未時麟星占寅宮	
寅時麟星占酉宮	申時麟星占卯宮	
卯時麟星占戌宮	酉時麟星占辰宮	
辰時麟星占亥宮	戌時麟星占巳宮	
巳時麟星占子宮	亥時麟星占午宮	

十一月 冬至後	月將在丑	麟星在午
子時麟星占巳宮	午時麟星占亥宮	
丑時麟星占午宮	未時麟星占子宮	
寅時麟星占未宮	申時麟星占丑宮	
卯時麟星占申宮	酉時麟星占寅宮	
辰時麟星占酉宮	戌時麟星占卯宮	
巳時麟星占戌宮	亥時麟星占辰宮	

十二月 大寒後	月將在子	麟星在申
子時麟星占申宮	午時麟星占寅宮	
丑時麟星占酉宮	未時麟星占卯宮	
寅時麟星占戌宮	申時麟星占辰宮	
卯時麟星占亥宮	酉時麟星占巳客	
辰時麟星占子宮	戌時麟星占午宮	
巳時麟星占丑宮	亥時麟星占未宮	

天盤麒麟看月將，貴人登天吉時移。

【新義】

天盤者，即十二支掌也。

月將者，即太陽躔次。（於前章節己介紹，請逕自翻閱查照。）

貴人登天門！乃時家認為最吉之時，如天狗白虎占男女宮，以及夫妻宮時，可解化之。古通書云：「年之善，不如月之善；月之善，不如日之善；日之善，不如時之善。是以時乃四柱之結果，為日主之幫助，故一時能成萬事，一善能消千災。如奇門遁甲，非時則不能察吉凶之精微。六壬子平，非時則不能知壽夭之窮通。誠乃時之要也。」又曰：「以此貴人登天門，貴剋擇中之吉時，乃六吉神旺相而登垣，六凶神休囚而失陷。」

至於「貴人登天吉時」之求法，如下：

先看太陽躔於何宮，仍將日之天干貴人位在於何處，以太陽加於貴人位上，不論陰陽均順行，至亥天門位，現出何時，此即為貴人登天吉時也。如雨水後甲日卯時，以月將亥加甲卯，則陽貴未加乾亥，是為陽貴登天門也。又如雨水後甲日酉時，以月將亥加庚酉，則陰貴加乾亥，是陰貴登天門也。

另，《協紀辨方書》義例按：「貴人登天門為選時第一義，其月將加時，貴人陰陽順逆，皆六壬法也。」茲附表於後，以供便覽對照。

通書貴人登天吉時便覽表

節氣	太陽	貴人	甲日	乙日	丙日	丁日	戊日	巳日	庚日	辛日	壬日	癸日
雨水	到亥	貴陽 貴陰	卯酉	寅戌	亥丑	丑亥	卯酉	戌寅	卯酉	辰申	巳未	未巳
春分	到戌	貴陽 貴陰	寅申	丑酉	戌子	子戌	寅申	酉丑	寅申	卯未	辰午	午辰
穀雨	到酉	貴陽 貴陰	丑未	子申	酉亥	亥酉	丑未	申子	丑未	寅午	卯巳	巳卯
小滿	到申	貴陽 貴陰	子午	亥未	申戌	戌申	子午	未亥	子午	丑巳	寅辰	辰寅
夏至	到未	貴陽 貴陰	亥巳	戌午	未酉	酉未	亥巳	午戌	亥巳	子辰	丑卯	卯丑
大暑	到午	貴陽 貴陰	戌辰	酉巳	午申	申午	戌辰	巳酉	戌辰	亥卯	子寅	寅子
處暑	到巳	貴陽 貴陰	酉卯	申辰	巳未	未巳	酉卯	辰申	酉卯	戌寅	亥丑	丑亥
秋分	到辰	貴陽 貴陰	申寅	未卯	辰午	午辰	申寅	卯未	申寅	酉丑	戌子	子戌
霜降	到卯	貴陽 貴陰	未丑	午寅	卯巳	巳卯	未丑	寅午	未丑	申子	酉亥	亥酉
小雪	到寅	貴陽 貴陰	午子	巳丑	寅辰	辰寅	午子	丑巳	午子	未亥	申戌	戌申
冬至	到丑	貴陽 貴陰	巳亥	辰子	丑卯	卯丑	巳亥	子辰	巳亥	午戌	未酉	酉未
大寒	到子	貴陽 貴陰	辰戌	卯亥	子寅	寅子	辰戌	亥卯	辰戌	巳酉	午申	申午

若得太陽同照臨，多生貴子與貴兒。

【新義】

「太陽同照臨」，是指太陽月將到或是臨照女命之男女宮稱之（擇婚課爲吉）。雖然，本句賦文僅是針對著生育子嗣而言，但各位應該還記得前章節所介紹太陽月將的用法吧！它亦可解「沖陰胎」、「絕房殺」、「沖母腹」、「虎狗呑胎」等之拘忌。其實，對於生男生女與否？或是能多子多孫與否？豈是所謂的「太陽同臨照」即可如願，這不過是一種安定人心的場面話而已。所謂「理論歸理論，實際歸實際。」結婚嘛！討個吉利總是免不了的。

「太陽同臨照，能多生貴子與貴兒。」的理論是推演自風水學中應用二十四山太陽坐宮，且又遇逢天喜之「催子法」。但由於理論的牽扯太過複雜，是故，就「斷章取義」地付諸於應用。這一點，實在是「缺德」、「不負責任」且有令人詬病與議論之處。有鑒於此遺憾，筆者特將整個理論擇其重點概略地列表說明。

坐宮（山）太陽太陰表

坐宮（山）／日月	太陽	太陰
壬子	巳	戌
癸丑	午酉	亥寅
艮寅	亥	辰
甲卯	酉午	寅亥
乙辰	酉亥	寅辰
巽巳	申午	辰亥
丙午	巳亥	戌亥
丁未	酉	寅
坤申	子亥	巳辰
庚酉	亥子	辰巳
辛戌	巳亥	戌辰
乾亥	酉子	寅巳

流月太陽月將便覽表

流月／星名	太陽	月將
正月	寅	亥
二月	卯	戌
三月	辰	酉
四月	巳	申
五月	午	未
六月	未	午
七月	申	巳
八月	酉	辰
九月	戌	卯
十月	亥	寅
十一月	子	丑
十二月	丑	子

二十四山流年天喜方

坐山、流年	天喜方
壬子癸 山、年	酉方

坐山、流年	天喜方
丙午丁 山、年	卯方

山、年	方位
癸丑艮山、年	申方
艮寅甲山、年	未方
甲卯乙山、年	午方
乙辰巽山、年	巳方
巽巳丙山、年	辰方

山、年	方位
丁未坤山、年	寅方
坤申庚山、年	丑方
庚酉辛山、年	子方
辛戌乾山、年	亥方
乾亥壬山、年	戌方

註：另有「紅鸞星」，其位在「天喜星」之對宮。「天喜」主生男，「紅鸞」主生女。由於「紅鸞」亦主血光、火災、桃花，故一般大都不予採用，而老年人尤忌之（桃花效應）。

至於女命「天嗣」即女命之食神也，可用五虎遁，遁至食神之位，視屬何地支即是也。（詳細內容請翻閱前章節「真夫星兮併天嗣」對照即可。）

例如癸未女命，其天嗣爲乙卯。坐宮太陽「甲」、「乙」在酉、「卯」在午，如再逢天喜，則主生男的機率較大。

流年吉神催丁擇婚日查照表

流年支／吉神名	子	丑	寅	卯	辰	巳	午	未	申	酉	戌	亥	備註
太陽	丑	寅	卯	辰	巳	午	未	申	酉	戌	亥	子	到照宮均可
太陰	卯	辰	巳	午	未	申	酉	戌	亥	子	丑	寅	
天喜	酉	申	未	午	巳	辰	卯	寅	丑	子	亥	戌	
紅鸞	卯	寅	丑	子	亥	戌	酉	申	未	午	巳	辰	儘量少用。
龍德	未	申	酉	戌	亥	子	丑	寅	卯	辰	巳	午	
福德	酉	戌	亥	子	丑	寅	卯	辰	巳	午	未	申	
天馬	寅	亥	申	巳	寅	亥	申	巳	寅	亥	申	巳	有欄方可。
天嗣	甲卯	癸巳	丁未	庚酉	乾亥	庚酉	辛戌	壬子	艮寅	辛戌	壬子	癸丑	

擇婚日的目地，主要是在儘量選擇一個吉利的好日子，這原是一件無可厚非的事實，且古今皆然。但對於「生子」一事，筆者認為男女雙方還是事先地去做身體檢查，或是婚後數年仍是無法「做人」的話，再去請教專業醫師。如此，才算是一個最正確的理念與做法。但是，在為人擇婚課日可就得抱著「入鄉隨俗」的態度，否則，被人「覆課」打回來，那滋味可是「滿面全豆花」了。

行筆至此，筆者亦不免語重心長的呼籲咱們擇日學界中之先進前輩們，是否可將你們多年來的實務批論心得提供出來，以便大家能彼此地公開討論與交換意見，藉此將擇日學中一些不合實際，且沒有通理的論調，做一次全面去蕪存菁的檢討與革新，如此，擇日學未來命脈之延續，相信會有著一個嶄新且不可限量的前途。

女命帶祿喜同支，夫榮子貴慶齊眉。

【新義】

《剋擇講義》：「女命帶祿喜司支」，文中「同」與「司」，或手民之誤，無礙選擇課用也。又云：「良時吉課宜趨吉避凶。祿、馬、貴人乃相逢而司支。然嫁娶以女爲主，若能選四柱生旺拱照，吉星雲集，自然妙得夫榮子貴之美。但泉州安溪縣有忌男帶祿來，『忌女帶馬歸』之謬例，似此殊屬妄謬。」《婚課諏吉》載曰：「婚日最喜女命天祿所臨之支，譬如六癸女命，最喜用五子之日；又如丙年女命，喜用巳日，巳中之戊即食神天嗣，巳中之庚爲丙之財，財能生官，選時用癸巳日或壬癸時則吉；又如庚年生女命，喜用申日，申中戊庚壬，庚則得位，戊則印，壬則食神天嗣，用丙丁日時爲得喜神，或用丁日時，丁壬合化木，亦財能生官，極得選課之精妙也。餘倣此推。」

祿者，財也，養命是也。而財又能生官，且能蔭子，因此婚日選擇取用最宜，故文中「夫榮子貴」之結論即是由此推演而來。

女命帶祿與婚日取用查照表

女命干	甲	乙	丙	丁	戊	己	庚	辛	壬	癸
帶）正祿	寅	卯	巳	午	巳	午	申	酉	亥	子

（祿 天祿	辛	庚	癸	壬	乙	甲	丁	丙	己	戊
婚日喜用	辛己	戊庚	癸辛	庚壬	乙癸	壬甲	丁乙	甲丙	己丁	丙戊

紅鸞天喜音剋制，破碎刑命祿貴醫。

【新義】

音者，納音也。也就是俗謂的「六十甲子納音」，如下列示：

《納音五行歌訣》

甲子乙丑海中金　丙寅丁卯爐中火

戊辰己巳大林木　庚午辛未路傍土

壬申癸酉劍鋒金

甲戌乙亥山頭火　丙子丁丑澗下水

戊寅己卯城頭土　庚辰辛巳白臘金

壬午癸未楊柳木

甲申乙酉井泉水　丙戌丁亥屋上土
戊子己丑霹靂火　庚寅辛卯松柏木
壬辰癸巳長流水
甲午乙未砂中金　丙申丁酉山下火
戊戌己亥平地木　庚子辛丑壁上土
壬寅癸卯金箔金
甲辰乙巳覆燈火　丙午丁未天河水
戊申己酉大驛土　庚戌辛亥釵釧金
壬子癸丑桑拓木
甲寅乙卯大溪水　丙辰丁巳砂中土
戊午己未天上火　庚申辛酉石榴木
壬戌癸亥大海水

紅鸞日，即女產年也。有二：其一是以女命生年支定義，是為「女命紅鸞日」；其二是以行嫁年支所定，是為「嫁年紅鸞日」，賦文所指為前者「女命紅鸞日」。

紅鸞，天喜之取法：

〈紅鸞星〉

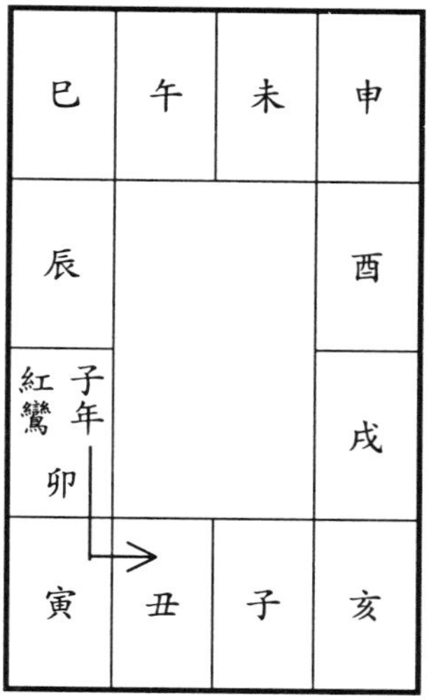

巳	午	未	申
辰			酉
子年 紅鸞 卯			戌
寅	丑	子	亥

〈天喜星〉

巳	午	未	申
辰			子年 天喜 酉
卯			戌
寅	丑	子	亥

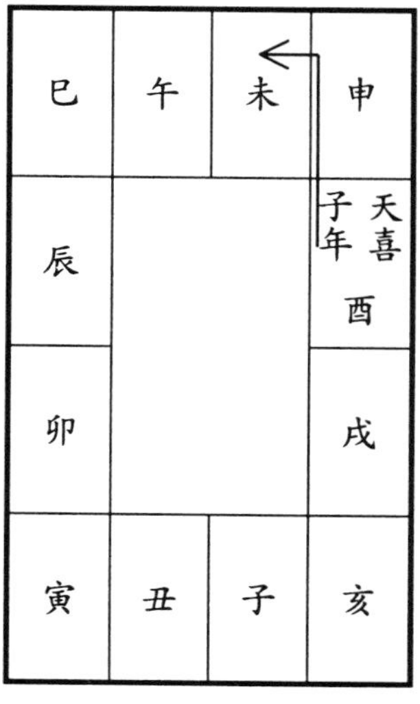

〈歌訣〉：

卯上起子逆數之，數到當生太歲支，
坐守此宮紅鸞位，對宮天喜不差移。
年少婚姻喜事奇，老人必主喪其妻，
三十年前爲吉曜，五十年後不相宜。

至於其用法：

(1)、如夫星坐嫁年之紅鸞日上，如若以「女命紅鸞日」爲擇用，則喜選用天喜時，且婚時之干支納音五行宜剋紅鸞日干支之納音五行。

⑵、如前⑴之擇用，但不得天喜之干支納音五行剋制之，則取婚年月上之干支納音五行剋制之亦行。

⑶、如均無法取得爲用，則以三合、六合、三德奇或交貴解化亦可。

破碎者，是為術中所謂「暗金的煞」之一。暗金的煞：巳為「白衣煞」，酉為「破碎煞」，丑為「呻吟煞」。

破碎煞婚日忌用，若用可以三合、六合、貴人、天祿制化之，若是三字（暗金的煞）全，是為大忌，無法制化，幸勿用之。

刑者，三刑也。即：

子刑卯　丑刑戌　戌刑未　寅刑巳　巳刑申

辰刑辰　亥刑亥　酉刑酉　午刑午

三刑力量較輕，若是命柱中三柱齊全，亦不過主幼時難養。至於婚日犯之，拘忌亦輕，仍宜取三合、六合、天祿、貴人解化之。

女命生年支破碎與三刑便覽表

女命生年支／煞名	子	丑	寅	卯	辰	巳	午	未	申	酉	戌	亥
破碎	巳	丑	酉	巳	丑	酉	巳	丑	酉	巳	丑	酉
三刑	卯	戌	巳	子	辰	申寅	午	丑	巳	酉	丑未	亥

天狗首尾神忌坐，太白凶方莫向之。

【新義】

此二句賦文由於所存之疑義甚多，故早已就刪除不用，但今通書仍存用，實是令人想不通。茲摘錄《協紀辨方書．辨僞卷》載曰：

「嫁娶最忌月厭，月厭正月從戌起，戌為狗，術士遂以天狗命之。卯戌酉申者，春季之月厭也，折其中而取酉，謂之春季月厭正位，命為『天狗頭』，犯之者，小姑無子。夏午秋卯冬子，同此例也。

反之，即爲厭對正位，而謂之『天狗尾』，犯之者，妨夫主。

月厭前一位為章光，正月在酉，春季酉申未，折其中而取申，謂之『天狗口』，忌行嫁。

天喜之說，有以春戌、夏丑、秋辰、冬未論者；有以三合成日論者；又有以春季未午巳、夏季辰卯寅、秋季丑子亥、冬季戌酉申論者，今取此隨月將三合逆行之天喜，而亦折其中，而取春午、夏卯、秋子、冬酉，謂之天喜正位，而命之『天狗腹』，主當年無子。

春夏之天喜，即秋冬之紅鸞，乃又取紅鸞十二位折其中，而取春子、夏酉、秋午、冬卯，謂之紅鸞正位，命之『天狗背』，主三年有子。

春季月將亥戌酉、夏季申未午、秋季巳辰卯、冬季寅丑子，亦折其中而取春戌、夏未、秋辰、冬丑為六合正位，而謂之『天狗足』，主六年生子。

春季月害巳辰卯、夏季寅丑子、秋季亥戌酉、冬季申未午，亦折其中而取春辰、夏丑、秋戌、冬未，謂之月害正位，而謂之『天狗後足』，主九年生子。

夫，月厭寅月起戌，戌則屬狗，若卯月即居酉位而為雞，以此遂以天狗名之，已屬可笑。又諸神與十二辰相為參伍，乃有月厭、厭對、天喜、紅鸞等名，非獨重二、五、八、十一四個月也，乃截住兩頭，中間取一位起例，益屬支離不通。以此硬配頭、尾、口、腹、背、足成一天狗，而定生子之年分，妨夫、妨小姑之占斷，謬悠極矣！

且小姑無子與新婦何涉，而天喜正位定必大吉，而斷為當年無子，蓋里巷小民之情，小姑者，老婦之所鍾愛，而春月行嫁臘月生子，新婦有越禮之疑，故以小姑無子為凶，而以當年無子為吉也。

術士苦心侮弄鄉愚，良可悲嘆，《選擇宗鏡》不加辨駁，轉編載其說，吁可怪也！又以春卯、夏午、秋酉、冬子四正位，謂之『天狗方』，益屬不經，何天狗之彌綸宇宙如此耶！」

看完了以上所辨偽之內容，大概只有替那些可憐的「狗」輩叫屈了。是否因為造此神煞名目者，曾有被狗咬過，才因而恨在心且藉此報復呢？

除了上例外，還有如「太白遊方」，「鶴神遊方」等，均在刪除之列，但由於時下之通書仍有記載，故，只好姑且概述一番。各位只需知道就好，畢竟這些凶煞神例均不驗。

《協紀辨方書》按：「太白逐日遊方，出於西域『日時善惡宿曜經』，既非太白行度，且西域月日又與中國不合，實無義例，然載在通書、時憲書，由來已久，姑存其舊。」

《協紀辨方書》云：「唯鶴神之名則從俗之稱，而莫可解意者，鶴為噩字之訛，酉曰作噩，噩神猶金神歟！」又云：「日遊神是也。」

以上神煞雖說已刪除不用，但為考慮時下擇日師「不得已」之便，故仍將其整理並列表如後。

一、天狗各部位便覽表

天狗各部位名	春	夏	秋	冬	備註
天狗頭	酉	午	卯	子	月厭正位，主小姑無子。
天狗尾	卯	子	酉	午	厭對正位，主妨夫子。
天狗口	申	巳	寅	亥	章光正位，忌行嫁。
天狗腹	午	卯	子	酉	天喜正位，主當年無子。
天狗背	子	酉	卯	午	紅鸞正位，主三年有子。
天狗足	戌	未	辰	丑	六合正位，主六年生子。
天狗後足	亥	丑	戌	未	月害正位，主九年生子。
天狗方	卯	午	酉	子	同月建轉煞。

二、天狗遊方便覽表：

神煞名／四立、二至二分	天狗遊方
立春	艮
春分	震
立夏	巽
夏至	離
立秋	坤
秋分	兌
立冬	乾
冬至	坎

三、太白遊方

方／日	太白遊方
1 11 21	震
2 12 22	巽
3 13 23	離
4 14 24	坤
5 15 25	兌
6 16 26	乾
7 17 27	坎
8 18 28	艮
9 19 29	中
10 20 30	在天

四、鶴神遊方便覽表：

日	方位
己酉 庚戌 辛亥 壬子 癸丑 甲寅	東北
乙卯 丙辰 丁巳 戊午 己未	東
庚申 辛酉 壬戌 癸亥 甲子 乙丑	東南
丙寅 丁卯 戊辰 己巳 庚午	南
辛未 壬申 癸酉 甲戌 乙亥 丙子	西南
丁丑 戊寅 己卯 庚辰 辛巳	西

壬午	癸未	甲申	乙酉	丙戌	丁亥	西北
戊子	己丑	庚寅	辛卯	壬辰		北
癸巳	甲午	乙未	丙申	丁酉	戊戌	在
己亥	庚子	辛丑	壬寅	癸卯		天宮
甲辰	乙巳	丙午	丁未	戊申		無忌

註：時下日師採「鶴神遊方」之應用：

(1)彩轎（現今已改轎車了）往來之「出行不宜犯鶴神」。

(2)新房之安床及新婦新房坐席「不宜抵向日遊神」。如古書所載：

甲木女：坐乾方主長壽艮乙宜子孫甲進田吉。

乙木女：坐丙乙宜女孫甲主長壽艮主偕老吉。

丙火女：坐艮方宜子孫巽主長壽丙主偕老吉。

丁火女：坐乙長壽巽宜子孫丁進田丙益訟吉。

戊土女：坐巽方長壽艮進田壓坐丙宜子孫吉。

己土女：坐辛宜子孫丙富貴巽偕老丁益訟吉。

庚金女：坐癸艮宜子孫庚辛長壽巽主偕老吉。

辛金女：坐庚辛長壽癸坤宜子孫巽主偕老吉。

壬水女：坐坤富貴乾宜子孫主進甲主益翁姑。
癸水女：坐甲壬宜子孫癸主長壽乙主偕老吉。

二德三奇與貴人，諸殺逢之能解移；神殺紛紜避離盡，善在制化是真機。

【新義】

二德者，天月二德是也。

三奇者，天地人三奇是也。

貴人者，貴人登天門，天乙貴，交貴等。

於《碎金賦》對前述之二德、三奇與貴人，不但是稱讚有加，而且還無煞不解，如「三殺非真貴人解」、「殺翁天德能解化，月德不怕殺姑期。」「父滅子胎虎吞胎，三奇二德太陽宜。」「有人會得三奇貴，破夫殺婦俱無忌。」再加上本句賦文「二德三奇與貴人，諸殺逢之能解移；神煞紛紜避離盡，善在制化是真機。」等。

其實，最後這幾句賦文的重點，主要是在「善在制化是真機」。因為，如果你有為人批過婚課的經驗，一定都知道一個事實，那就是「煩死人了」。道行高者，輕輕鬆鬆地甚至不用翻表查閱；但是，道行不夠者，那可是累了，滿篇的子丑寅卯，刑沖破害，吉凶煞神的，有時根本無法下手。而這難易間之差距，就是「善在制化是真機」這句話。其實，說難也不難，你只需要將八字命學中一些入門基礎的理論法則熟悉即可。然後，再由經驗中去找尋一條屬於自己批覆的程序，如此，婚課對你而言，大概是最好賺的潤金了。不信，你看，資料全在此。

○女命支利月	大利月	小利月	妨翁姑（有二德解化無）	妨父母（亦可用）	妨夫主（三德奇貴人解）	妨女身（俗忌）
子午	六十二	正七	二八	三九	四十	五十一
丑未	五十一	四十	三九	二八	正七	六十二
寅申	二八	三九	四十	五十一	六十二	正七
卯酉	正七	六十二	五十一	四十	三九	二八
辰戌	四十	五十一	六十二	正七	二八	三九
巳亥	三九	二八	正七	六十二	五十一	四十

○女命支凶年	男厄年（三德三奇貴人解化）	女産年（三德三奇貴人解化）
子	未	卯
丑	申	寅
寅	酉	丑
卯	戌	子
辰	亥	亥
巳	子	戌
午	丑	酉
未	寅	申
申	卯	未
酉	辰	午
戌	巳	巳
亥	午	辰

○男命天干	箭刃全（三六合貴人化）	真妻星 從五	真天官 虎遁	正沖妻星大忌	正沖天官大忌
甲	卯酉	己巳	辛未	乙亥	丁丑
乙	辰戌	戊寅	庚辰	甲申	丙戌
丙	午子	辛卯	癸巳	丁酉	己亥
丁	未丑	庚戌	壬寅	丙辰	戊申
戊	午子	癸亥	乙卯	己巳	辛酉
己	未丑	壬申	甲戌	戊寅	庚辰
庚	酉卯	乙酉	丁亥	辛卯	癸巳
辛	戌辰	甲午	丙申	庚子	壬寅
壬	子午	丁未	己酉	癸丑	乙卯
癸	丑未	丙辰	戊午	壬戌	甲子

嫁娶凶日	受死（俗深忌憲不論）	往亡（與氣往亡俱忌）	歸忌（俗忌憲書不重）	月厭天德解	厭對月德用	披蔴（合不將制化用）	人鬲同翻弓凶	天罡（同自縊凶）	河魁（憲則不忌）	○女命支吉凶	天喜可解厄産	絕房殺月（合利有氣則吉）	沖母腹（日時大忌）	正三殺凶（非真貴人解化）	胎元日（忌同食神）	沖胎（天正沖凶）
正	戌	寅	丑	戌	辰	子	酉	巳	亥	子	酉	丑	午	未	午	子
二	辰	巳	寅	酉	卯	酉	未	子	午	丑	申	卯	未	辰	卯	酉
三	亥	申	子	申	寅	午	巳	未	丑	寅	未	申	申	丑	子	午
四	巳	亥	丑	未	丑	卯	卯	寅	申	卯	午	丑	酉	戌	酉	卯
五	子	卯	寅	午	子	子	丑	酉	卯	辰	巳	卯	戌	未	午	子
六	午	午	子	巳	亥	酉	亥	辰	戌	巳	辰	申	亥	辰	卯	酉
七	丑	酉	丑	辰	戌	午	酉	亥	巳	午	卯	丑	子	丑	子	午
八	未	子	寅	卯	酉	卯	未	午	子	未	寅	卯	丑	戌	酉	卯
九	寅	辰	子	寅	申	子	巳	丑	未	申	丑	申	寅	未	午	子
十	申	未	丑	丑	未	酉	卯	申	寅	酉	子	丑	卯	辰	卯	酉
十一	卯	戌	寅	子	午	午	丑	卯	酉	戌	亥	卯	辰	丑	子	午
十二	酉	丑	子	亥	巳	卯	亥	戌	辰	亥	戌	申	巳	戌	酉	卯

○女命天干	箭刃全（三六合貴人化）	真夫星（從五）	真天嗣（虎遁）	正沖夫星大忌	正沖天嗣大忌	夫星絕墓死（並忌三字全局）	天嗣絕墓死（全凶二字亦用）	滅子胎（二德三奇貴人包拱）	流霞日（逢刃則忌）	紅艷時（夫星印綬化）	沖生殺（宜三六合貴包拱化）	沖命宮（三六合化）	沖夫宮（帝后救護）
甲	卯酉	辛未	丙寅	丁丑	壬申	卯辰巳	亥戌酉	辰	酉	午	巳	申	寅
乙	辰戌	庚辰	丁亥	丙戌	癸巳	寅丑子	子丑寅	巳	戌	申	子	酉	卯
丙	午子	癸巳	戊戌	己亥	甲辰	午未申	亥戌酉	未	未	寅	申	亥	巳
丁	未丑	壬寅	己酉	戊申	乙卯	巳辰卯	子丑寅	申	申	未	卯	子	午
戊	午子	乙卯	庚申	辛酉	丙寅	酉戌亥	寅丑子	未	巳	辰	申	亥	巳
己	未丑	甲戌	辛未	庚辰	丁丑	申未午	卯辰巳	申	午	辰	卯	子	午
庚	酉卯	丁亥	壬午	癸巳	戊子	子丑寅	巳辰卯	戌	辰	戌	亥	寅	申
辛	戌辰	丙申	癸巳	壬寅	己亥	亥戌酉	午未申	亥	卯	酉	午	卯	酉
壬	子午	己酉	甲辰	乙卯	庚戌	子丑寅	申未午	丑	亥	子	寅	巳	亥
癸	丑未	戊午	乙卯	甲子	辛酉	亥戌酉	酉戌亥	寅	寅	申	酉	午	子

○女命支凶神	埋兒時忌進房	天狗日（宜太陽驛貴制）	紅鸞日（即女產宜德奇貴化）	咸池（宜夫星或正印或長生吉）	驛馬（宜欄之吉或夫星正印制）	殺翁 殺姑 日（天德化 月德解）	孤辰 寡宿 日（忌雙全 無全用）	反目（忌雙全凶宜三六合貴化）	三刑日（三六合貴人化）	破碎日（三六合貴人制）	六害日吉多用	芒神日吉多用	河上翁煞（忌三字全凶二字用）
子	丑	戌	卯	酉	寅	未丑	戌寅	酉卯	卯	巳	未	亥	○○○
丑	卯	亥	寅	午	亥	申寅	戌寅	戌辰	戌	丑	午	申	戌午寅
寅	申	子	丑	卯	申	酉卯	丑巳	亥巳	巳	酉	巳	巳	○○○
卯	丑	丑	子	子	巳	戌辰	丑巳	午子	子	巳	辰	寅	○○○
辰	卯	寅	亥	酉	寅	亥巳	丑巳	未丑	辰	丑	卯	亥	丑酉巳
巳	申	卯	戌	午	亥	子午	辰申	申寅	寅	酉	寅	申	○○○
午	丑	辰	酉	卯	申	丑未	辰申	酉卯	午	巳	丑	巳	○○○
未	卯	巳	申	子	巳	寅申	辰申	戌辰	戌	丑	子	寅	辰子申
申	申	午	未	酉	寅	卯酉	未亥	亥巳	巳	酉	亥	亥	○○○
酉	丑	未	午	午	亥	辰戌	未亥	午子	酉	巳	戌	申	○○○
戌	卯	申	巳	卯	申	巳亥	未亥	未丑	丑	丑	酉	巳	未卯亥
亥	申	酉	辰	子	巳	午子	戌寅	申寅	亥	酉	申	寅	○○○

附：十二生肖男女合婚便覽表

男女合婚便覽	◎	○	●	上婚	中婚	下婚
肖鼠	六合肖牛　三合肖龍猴	肖鼠虎蛇狗豬	沖馬　破雞　刑兔　害羊	琴瑟和鳴富貴良緣	平穩可配	衝突爭鬥剋親不安
肖牛	六合肖鼠　三合肖蛇雞	肖牛虎兔猴豬	沖羊　破龍　刑狗　害馬	鸞鳳和鳴吉慶良緣	平穩可配	衝突變緣迍滯災殃
肖虎	六合肖豬　三合肖馬狗	肖鼠牛虎兔龍羊雞	沖猴　破豬　刑蛇　害蛇	百年好合富貴良緣	平穩可配	衝突冷酷無情是非
肖兔	六合肖狗　三合肖羊豬	肖牛虎兔蛇猴	沖雞　破馬　刑鼠　害龍	天作之合圓滿良緣	平穩可配	衝突不合憂苦惡怒
肖龍	六合肖雞　三合肖鼠猴	肖虎蛇馬羊豬	沖狗　破牛　刑龍　害兔	赤繩繫足福壽良緣	平穩可配	衝突歧見破緣是非
肖蛇	六合肖猴　三合肖牛雞	肖鼠兔龍蛇馬羊狗	沖豬　破猴　刑虎　害虎	琴鳴瑟應吉慶良緣	平穩可配	衝突無緣薄義廢疾
肖馬	六合肖羊　三合肖虎狗	肖龍蛇猴雞豬	沖鼠　破兔　刑馬　害牛	琴瑟和鳴富貴良緣	平穩可配	衝突不定歧見怒氣
肖羊	六合肖馬　三合肖兔豬	肖虎龍蛇羊猴雞	沖牛　破狗　刑狗　害鼠	鸞鳳和鳴圓滿良緣	平穩可配	衝突惡緣破家剋親
肖猴	六合肖蛇　三合肖鼠龍	肖牛兔馬羊猴雞狗	沖虎　破蛇　刑蛇　害豬	百年好合福壽良緣	平穩可配	衝突壞緣無義剋親
肖雞	六合肖龍　三合肖牛蛇	肖虎馬羊猴豬	沖兔　破鼠　刑雞　害狗	天作之合吉慶良緣	平穩可配	衝突不睦爭鬥廢疾
肖狗	六合肖兔　三合肖馬虎	肖鼠蛇猴狗豬	沖龍　破羊　刑牛　害雞	赤繩繫足富貴良緣	平穩可配	衝突破緣廢疾災殃
肖豬	六合肖虎　三合肖兔羊	肖鼠牛龍馬雞狗	沖蛇　破虎　刑豬　害猴	琴鳴瑟應圓滿良緣	平穩可配	衝突不和輕視損親

以上如◎雙圈者為上婚如○單圈者為中婚如●黑圈者為下婚凡男女配婚大凡如此然究其大理必以男女八字合參方有準確⊙如配沖破刑害者必須以娶嫁日期宜取三奇帝后全備三合六合祿貴解化斟酌審而配用之

三元男女命合婚便覽表

男女生命							上元		中元		下兀	
甲子	癸酉	壬午	辛卯	庚子	己酉	戊午	男七	女五	男一	女二	男四	女八
乙丑	甲戌	癸未	壬辰	辛丑	庚戌	己未	男六	女六	男九	女三	男三	女九
丙寅	乙亥	甲申	癸巳	壬寅	辛亥	庚申	男五	女七	男八	女四	男二	女一
丁卯	丙子	乙酉	甲午	癸卯	壬子	辛酉	男四	女八	男七	女五	男一	女二
戊辰	丁丑	丙戌	乙未	甲辰	癸丑	壬戌	男三	女九	男六	女六	男九	女三
己巳	戊寅	丁亥	丙申	乙巳	甲寅	癸亥	男二	女一	男五	女七	男八	女四
庚午	己卯	戊子	丁酉	丙午	乙卯		男一	女二	男四	女八	男七	女五
辛未	庚辰	己丑	戊戌	丁未	丙辰		男九	女三	男三	女九	男六	女六
壬申	辛巳	庚寅	己亥	戊申	丁巳		男八	女四	男二	女一	男五	女七
男五宮寄二宮（坤），女五宮寄八宮（艮）。												

註：上元者，民前四八年（清同治三年）至民國十二年，而民國一百卅三年又復上元子。

中元者，民國十三年至民國七十二年，而民國一百九十三年又復中元甲子。

下元者，民國七十三年至民國一百卅二年，而民國二百五十三年又復下元甲子。

通書曰：「呂才云：合得生氣、天醫、福德爲上吉，子孫昌盛，不避胞胎月內諸凶；如遇絕體、游魂、歸魂爲中等，可以輕重較量言之，如命卦通和，月中少忌，可以成婚，但婚姻之事，理無十全，中平亦吉，若遇五鬼，則主男女口舌，惟遇絕命，則於男女多各有憂，雖命卦和悅，亦不宜也。」列表如下：

八宮吉凶表

位╲命	乾命	坎命	艮命	震命	巽命	離命	坤命	兌命
乾位	伏位	六煞	天醫	五鬼	禍害	絕命	延年	生炁
坎位	六煞	伏位	五鬼	天醫	生炁	延年	絕命	禍害
艮位	天醫	五鬼	伏位	六煞	絕命	禍害	生炁	延年
震位	五鬼	天醫	六煞	伏位	延年	生炁	禍害	絕命
巽位	禍害	生炁	絕命	延年	伏位	天醫	五鬼	六煞
離位	絕命	延年	禍害	生炁	天醫	伏位	六煞	五鬼
坤位	延年	絕命	生炁	禍害	五鬼	六煞	伏位	天醫
兌位	生炁	禍害	延年	絕命	六煞	五鬼	天醫	伏位

伏位即「福德」。

生炁即「生氣」。

延年即「絕體」。

六煞即「遊魂」。

結語

《玉曆嫁娶碎金賦》的內容，雖然是介紹完了，但其中所留下的一些不合時代潮流，以及不合人情常理之處，仍還需吾輩深入的去研究與改進，畢竟，時代的背景與社會型態的結構，已經與往昔大不相同了。所以，如果再一味地故步自封，不求改進，相信不久的將來，「剋擇」（婚課或葬課）一詞可能就會淪爲歷史的名詞了。

附錄：

一、檳榔殺月、日與盤肩山殺日：

女命支／殺名	子	丑	寅	卯	辰	巳	午	未	申	酉	戌	亥
檳榔殺月	正五七	三六九	二四八	正五七	三六九	二四八	正五七	三六九	二四八	正五七	三六九	二四八

殺名＼女命支	子	丑	寅	卯	辰	巳	午	未	申	酉	戌	亥
正檳榔殺日	卯辰巳未	子丑寅辰	酉戌亥丑	午未申戌	卯辰巳未	子丑寅辰	酉戌亥丑	午未申戌	卯辰巳未	子丑寅辰	酉戌亥丑	午未申戌

殺名＼女命支	子	丑	寅	卯	辰	巳	午	未	申	酉	戌	亥
盤扃山殺日	寅申巳亥	寅午戌酉	巳酉丑	申戌亥卯	寅申巳亥	寅午戌酉	巳酉丑	申戌亥卯	寅申巳亥	寅午戌酉	巳酉丑	申戌亥卯

上述的殺目，由於時代的演變與社會的進步，至今均已刪除不用，唯現今通書仍有記載，所以，筆者爲顧及各位的權益，亦將其補述附錄之。

林、蔡二通書載曰：「結婚納采，宜二德併合、三合、五合、六合、玉堂、續世、天喜、執、成、危、開日。忌女命相沖，正三殺、人民離、**檳榔殺，若遇過山、忌隔山殺**（按：現今交通便利，此煞已不適用）。憲書忌破、平、收、閉、劫殺、災煞、月煞、刑害、月厭、大時、天吏、四廢、四忌、四窮、五墓、五離、八專。俗忌月破、受死、四離、四絕、正四廢、真滅沒，沖陽氣陰胎大凶。憲書檳榔殺亦用，然俗有制檳榔殺法，宜用新罐一個，納采時，盒擔位於門外，當天掀開，取檳榔七口，入於罐內，用紙封密，送於長流之水則制矣！」

另，書云：「檳榔殺之例頗多，有從女命三合起長生，尋至病、死、墓、絕之地支即是，本省最嫌，漳厦不拘，犯則取於流水中漂去，此乃是從俗之制法也。此檳榔殺唯納采幣忌之。」

二、男命婚課宜忌擇用表：

(1)男命生年干擇課查閱表

神殺名＼男生年干		甲	乙	丙	丁	戊	己	庚	辛	壬	癸	備註
箭刃殺	箭	卯	辰	午	未	午	未	酉	戌	子	丑	忌全
	刃	酉	戌	子	丑	子	丑	卯	辰	午	未	三合貴化
真妻星		己巳	戊寅	辛卯	庚戌	癸亥	壬申	乙酉	甲午	丁未	丙辰	
正沖真妻星		乙亥	甲申	丁酉	丙辰	己巳	戊寅	辛卯	庚子	癸丑	壬戌	大忌
真天官		辛未	庚辰	癸巳	壬寅	乙卯	甲戌	丁亥	丙申	己酉	戊午	
正沖真天官		丁丑	丙戌	己亥	戊申	辛酉	庚辰	癸巳	壬寅	乙卯	甲子	大忌
天乙貴人	陽	未	申	酉	亥	丑	子	丑	寅	卯	巳	婚日
	陰	丑	子	亥	酉	未	申	未	午	巳	卯	喜用

(2)男命生年支擇課查閱表

神殺名＼男生年支	子	丑	寅	卯	辰	巳	午	未	申	酉	戌	亥	備註
沖本命日	午	未	申	酉	戌	亥	子	丑	寅	卯	辰	巳	日時最忌。
正三殺	未	辰	丑	戌	未	辰	丑	戌	未	辰	丑	戌	此日婚日最忌
三刑日	卯	戌	巳	子	辰	寅 申	午	丑	巳	酉	丑 未	亥	解化即可。
驛馬	寅	亥	申	巳	寅	亥	申	巳	寅	亥	申	巳	有攔即可。
辰年娶妻	婚課忌巳酉丑三字全。												二字可用，辰命大忌。
戌年娶妻	婚課忌亥卯未三字全。												二字可用，戌命大忌。
丑年娶妻	婚課忌寅午戌三字全。												二字可用，丑命大忌。
未年娶妻	婚課忌申子辰三字全。												二字可用，未命大忌。

儘管《玉曆嫁娶碎金賦》有載曰：「嫁娶之法說與知，先將女命定利期；次用男命配選日，女命爲主要吉利。」但，結婚一事，攸關男女雙方，因此，對於男命擇課的取用，仍應相提並論而合參之。另有「男陽氣」之擇法，茲列表如后，以供查閱對照取用。

男陽氣擇取便覽表

生月＼生年	甲、己	乙、庚	丙、辛	丁、壬	戊、癸
正月	丁巳	己巳	辛巳	癸巳	乙巳
二月	戊午	庚午	壬午	甲午	丙午
三月	己未	辛未	癸未	乙未	丁未
四月	庚申	壬申	甲申	丙申	戊申
五月	辛酉	癸酉	乙酉	丁酉	己酉
六月	壬戌	甲戌	丙戌	戊戌	庚戌
七月	癸亥	乙亥	丁亥	己亥	辛亥
八月	甲子	丙子	戊子	庚子	壬子
九月	乙丑	丁丑	己丑	辛丑	癸丑
十月	丙寅	戊寅	庚寅	壬寅	甲寅
十一月	丁卯	己卯	辛卯	癸卯	己卯
十二月	戊辰	庚辰	壬辰	甲辰	丙辰

三、其它神煞速查表：

逐月吉宜日辰便覽

月＼日	天德	月德	天德合	月德合	天赦	天願	三合	天喜	六合	不將	月恩	四相	時德	民日
正月	丁	丙	壬	辛	戊寅	乙亥	午戌	戌	亥	（請參閱前章節列表）	丙	丁丙	午	午
二月	坤	甲		己	戊寅	甲戌	未亥	亥	戌		丁	丁丙	午	午
三月	壬	壬	丁	丁	戊寅	乙酉	申子	子	酉		庚	丁丙	午	午
四月	辛	庚	丙	乙	甲午	丙申	酉丑	丑	申		己	己戊	辰	酉
五月	乾	丙		辛	甲午	丁未	戌寅	寅	未		戊	己戊	辰	酉
六月	甲	甲	己	己	甲午	戊午	亥卯	卯	午		辛	己戊	辰	酉
七月	癸	壬	戊	丁	戊申	己巳	子辰	辰	巳		壬	癸壬	子	子
八月	艮	庚		乙	戊申	庚辰	丑巳	巳	辰		癸	癸壬	子	子
九月	丙	丙	辛	辛	戊申	辛卯	寅午	午	卯		庚	癸壬	子	子
十月	乙	甲	庚	己	甲子	壬寅	卯未	未	寅		乙	乙甲	寅	卯
十一月	巽	壬		丁	甲子	癸丑	辰申	申	丑		甲	乙甲	寅	卯
十二月	庚	庚	乙	乙	甲子	甲子	巳酉	酉	子		辛	乙甲	寅	卯
備註	宜嫁娶、問名、納采、結婚姻、裁衣	同右	同右	同右	同右	同右	同右	同右	同右	宜嫁娶	宜納采、問名、結婚姻、裁衣	同右	同右	宜納采問名、結婚姻

五合	王日	滿日	開日	復日	德合赦願會辰	危日
寅卯	寅	辰	子	甲		酉
寅卯	寅	巳	丑	乙	甲戌	戌
寅卯	寅	午	寅	戊		亥
寅卯	巳	未	卯	丙	丙申	子
寅卯	巳	申	辰	丁		丑
寅卯	巳	酉	巳	己	甲午	寅
寅卯	申	戌	午	庚	戊申	卯
寅卯	申	亥	未	辛	庚辰	辰
寅卯	申	子	申	戊	辛卯	巳
寅卯	亥	丑	酉	壬	甲子	午
寅卯	亥	寅	戌	癸		未
寅卯	亥	卯	亥	巳	甲子	申
宜結婚姻	宜裁衣	同右	同右	同右	諸事不忌	安床

逐月拘忌日辰便覽表

月＼日	月破	平日	收日	閉日	劫煞
正月	申	巳	亥	丑	亥
二月	酉	午	子	寅	申
三月	戌	未	丑	卯	巳
四月	亥	申	寅	辰	寅
五月	子	酉	卯	巳	亥
六月	丑	戌	辰	午	申
七月	寅	亥	巳	未	巳
八月	卯	子	午	申	寅
九月	辰	丑	未	酉	亥
十月	巳	寅	申	戌	申
十一月	午	卯	酉	亥	巳
十二月	未	辰	戌	子	寅
備註	忌結婚姻、納采問名、嫁娶、裁衣、安床	同右	同右	忌嫁娶、結婚姻、納采問名、安床	忌嫁娶、結婚姻、納采問名、裁衣、安床

項目	1	2	3	4	5	6	7	8	9	10	11	12	忌
災煞	子	酉	午	卯	子	酉	午	卯	子	酉	午	酉	同右
月煞	丑	戌	未	辰	丑	戌	未	辰	丑	戌	未	辰	同右
月刑	巳	子	辰	申	午	丑	寅	酉	未	亥	卯	戌	同右
月害	巳	辰	卯	寅	丑	子	亥	戌	酉	申	未	午	忌結婚姻、嫁娶、納采問名
月厭	戌	酉	申	未	午	巳	辰	卯	寅	丑	子	亥	忌結婚姻、納采問名、嫁娶、裁衣、安床
厭對	辰	卯	寅	丑	子	亥	戌	酉	申	未	午	巳	忌嫁娶
大時	卯	子	酉	午	卯	子	酉	午	卯	子	酉	午	忌結婚姻、納采、問名嫁娶、裁衣、安床
天吏	酉	午	卯	子	酉	午	卯	子	酉	午	卯	子	同右
四廢	庚申 辛酉	庚申 辛酉	庚申 辛酉	壬子 癸亥	壬子 癸亥	壬子 癸亥	甲寅 乙卯	甲寅 乙卯	甲寅 乙卯	丙午 丁巳	丙午 丁巳	丙午 丁巳	忌結婚姻、納采問名、嫁娶、裁衣、安床
四忌	甲子	甲子	甲子	丙子	丙子	丙子	庚子	庚子	庚子	壬子	壬子	壬子	忌結婚姻、嫁娶、納采問名
四窮	乙亥	乙亥	乙亥	丁亥	丁亥	丁亥	辛亥	辛亥	辛亥	癸亥	癸亥	癸亥	同右
五墓	乙未	乙未	戊辰	丙戌	丙戌	戊辰	辛丑	辛丑	戊辰	壬辰	壬辰	壬辰	忌結婚姻、嫁娶、納采問名、安床
往亡	寅	巳	申	亥	卯	午	酉	子	辰	未	戌	丑	忌嫁娶
八專	甲寅					丁未 己未	庚申					癸丑	忌結婚姻、納采問名、嫁娶

亥日	申日	月建	滿日	月忌日	氣往亡	四離	四絕	二分至	晦日	反支	歸忌	上朔
亥	申	寅	辰	初五 十四 廿三	立春後七日				（晦為月盡之日，大月為三十日，小月為廿九日。）	初五	丑	甲年癸亥 己年癸巳 乙年己巳 庚年己亥 丙年乙亥 辛年乙巳 丁年辛巳 壬年辛亥 戊年丁亥 癸年丁巳
亥	申	卯	巳	初五 十四 廿三	驚蟄後十四日	春分前一日		春分		初五	寅	
亥	申	辰	午	初五 十四 廿三	清明後廿一日		立夏前一日			初四	子	
亥	申	巳	未	初五 十四 廿三	立夏後八日					初四	丑	
亥	申	午	申	初五 十四 廿三	芒種後十六日	夏至前一日		夏至		初三	寅	
亥	申	未	酉	初五 十四 廿三	小暑後廿四日		立秋前一日			初三	子	
亥	申	申	戌	初五 十四 廿三	立秋後九日					初二	丑	
亥	申	酉	亥	初五 十四 廿三	白露後十八日	秋分前一日		秋分		初二	寅	
亥	申	戌	子	初五 十四 廿三	寒露後廿七日		立冬前一日			初一	子	
亥	申	亥	丑	初五 十四 廿三	立冬後十日					初一	丑	
亥	申	子	寅	初五 十四 廿三	大雪後廿日	冬至前一日		夏至		初六	寅	
亥	申	亥	卯	初五 十四 廿三	小寒後卅日		立春前一日			初六	子	
忌嫁娶	忌安床	忌結婚姻、納采問名	同右	婚事諸忌	同右	同右	同右	同右	同右	忌結婚姻、納采問名、嫁娶	忌遠迴歸寧不忌嫁娶	忌結姻、納采問名、嫁娶、裁衣、安床

婚課日逐月避用便覽

日＼月	朔	望	晦	月忌日	四廢日	四忌日	四窮日	五離日	五墓日	受死日	八專日	大時日
正月	每月初一日，又為橫天朱雀日，俗忌。	每月十五日，俗忌。	每月月盡之日，俗忌。	每月初五、十四、二十三日，俗忌。	庚申 辛酉	甲子	乙亥	申 酉	乙未	戌	甲寅	卯
二月					庚申 辛酉	甲子	乙亥	申 酉	乙未	辰		子
三月					庚申 辛酉	甲子	乙亥	申 酉	戊辰	亥		酉
四月					壬子 癸亥	丙子	丁亥	申 酉	丙戌	巳		午
五月					壬子 癸亥	丙子	丁亥	申 酉	丙戌	子		卯
六月					壬子 癸亥	丙子	丁亥	申 酉	戊辰	午	丁未 己未	子
七月					甲寅 乙卯	庚子	辛亥	申 酉	辛丑	丑	庚申	酉
八月					甲寅 乙卯	庚子	辛亥	申 酉	辛丑	未		午
九月					甲寅 乙卯	庚子	辛亥	申 酉	戊辰	寅		卯
十月					丙午 丁巳	壬子	癸亥	申 酉	壬辰	申		子
十一月					丙午 丁巳	壬子	癸亥	申 酉	壬辰	卯		酉
十二月					丙午 丁巳	壬子	癸亥	申 酉	戊辰	酉	癸丑	午
備註					併吉亦忌。	總要、協紀忌迎婚、嫁娶。	總要、協紀忌迎婚、嫁娶。	俗忌、戊申、己酉二日。	碎金賦不載，廣聖協紀忌之。	碎金賦併俗大忌，有例存疑。	曾門經、協紀併忌。	咸池、大將軍同位俗不忌，協紀忌之。

天吏日	反支日	月破日	四絕日	四立日	四離日	分至日	氣往亡	往亡日	歸忌日	彭祖忌	月厭日	厭對日
酉	初五	申		立春			立春後七日	寅	丑	亥	戌	辰
午	初五	酉			春分前一日	春分	驚蟄後十四日	巳	寅	亥	酉	卯
卯	初四	戌	立夏前一日				清明後廿一日	申	子	亥	申	寅
子	初四	亥		立夏			立夏後八日	亥	丑	亥	未	丑
酉	初三	子			夏至前一日	夏至	芒種後十六日	卯	寅	亥	午	子
午	初三	丑	立秋前一日				小暑後廿四日	午	子	亥	巳	亥
卯	初二	寅		立秋			立秋後九日	酉	丑	亥	辰	戌
子	初二	卯			秋分前一日	秋分	白露後十八日	子	寅	亥	卯	酉
酉	初一	辰	立冬前一日				寒露後廿七日	辰	子	亥	寅	申
午	初一	巳		立冬			立冬後十日	未	丑	亥	丑	未
卯	初六	午			冬至前一日	夏至	大雪後二十日	戌	寅	亥	子	午
子	初六	未	立春前一日				小寒後三十日	丑	子	亥	亥	巳
俗不忌，又為致死，協紀忌之。	協紀認應忌。俗忌上表章。	併吉亦忌。	併吉亦忌。	併吉亦忌。	併吉亦忌。	併吉亦忌。	併吉亦忌。	併吉亦忌。	不忌行婦，忌歸寧、遠迴。	婚日慎忌，婚時不忌。	無翁可用。天德可用。	無姑可用。月德可用。

附錄①：五子六十日時吉凶查閱便覽表

甲不開倉胎神門碓　甲子日時局　正沖戊午的呼辛丑

甲子	丙寅	戊辰	庚午	壬申	甲戌
沖戊午 ◎金匱 ◎大進 ◑日建 殺南方	沖庚申 ◎喜神 ◎日祿 ◑天兵 殺北方	沖壬戌 ◎三合 ◑天牢 ◑六戊 殺南方	沖甲子 日沖 ●大凶 ●不遇 殺北方	沖丙寅 ◎三合 ◑天賊 ◑路空 殺南方	沖戊辰 ◎國印 ◑天刑 ◑旬空 殺北方
乙丑	**丁卯**	**己巳**	**辛未**	**癸酉**	**乙亥**
沖己未 ◎羅紋 交貴 ◎六合 殺東方	沖辛酉 ◎天赦 ◎玉堂 ◎少微 殺西方	沖癸亥 ◎進貴 ◑元武 ◑大退 殺東方	沖乙丑 ◎貴人 ◎右弼 ◑勾陳 殺西方	沖丁卯 ◎天官 ◎明堂 ◑路空 殺東方	沖己巳 ◎長生 ◎進貴 ◑朱雀 殺西方

乙不栽種胎神磨碓廁　乙丑日時局　正沖己未的呼辛巳

丙子	戊寅	庚辰	壬午	甲申	丙戌
沖庚午 ◎六合 ◎貴人 ◑天兵 殺南方	沖壬申 ◎進貴 ◎金匱 ◑六戊 殺北方	沖甲戌 ◎進貴 ◑白虎 ◑地兵 殺南方	沖丙子 ◎長生 ◑天牢 ◑路空 殺北方	沖戊寅 ◎羅紋 互貴 ◑大退 殺南方	沖庚辰 ◎喜神 ◎青龍 ◑天兵 殺北方
丁丑	**己卯**	**辛巳**	**癸未**	**乙酉**	**丁亥**
沖辛未 ◎福星 ◎天赦 ◑朱雀 殺東方	沖癸酉 ◎大進 ◎天德 ◎日祿 殺西方	沖乙亥 ◎三合 ◎玉堂 ◑不遇 殺東方	沖丁丑 日破 ●大凶 ●路空 殺西方	沖己卯 ◎三合 ○比肩 ◑勾陳 殺東方	沖辛巳 ◎福星 ◎明堂 ◎天赦 殺西方

丙不修竈胎神廚灶爐　丙寅日時局　正沖庚申的呼丙午

戊子	庚寅	壬辰	甲午	丙申	戊戌
沖壬午 ◎天官 ◎青龍 ◑六戊 殺南方	沖甲申 ◎長生 ◑天刑 ◑地兵 殺北方	沖丙戌 ◎金匱 ◑不遇 ◑路空 殺南方	沖戊子 ◎三合 ◎生旺 ◎大進 殺北方	沖庚寅 日沖 ●大凶 ●天牢 殺南方	沖壬辰 ◎三合 ◎司命 ◑六戊 殺北方
己丑	**辛卯**	**癸巳**	**乙未**	**丁酉**	**己亥**
沖癸未 ◎明堂 ◎右弼 ◑狗食 殺東方	沖乙酉 ◎進貴 ◎功曹 ◑朱雀 殺西方	沖丁亥 ◎日祿 ◎寶光 ◑路空 殺東方	沖己丑 ◎玉堂 ◎少微 ◎武曲 殺西方	沖辛卯 ◎天赦 ◎貴人 ◑玄武 殺東方	沖癸巳 ◎六合 ◎貴人 ◑勾陳 殺西方

卯不穿井胎神倉庫門　丁卯日時局　沖辛酉的呼甲午甲戌

庚子	壬寅	甲辰	丙午	戊申	庚戌
沖甲午 ◎司命 ◑日刑 ◑地兵 殺南方	沖丙申 ◎青龍 ◑大退 ◑路空 殺北方	沖戊戌 ◑天遇 ◑天刑 ◎武曲 殺南方	沖庚子 ◎喜神 ◎日祿 ◑天兵 殺北方	沖壬寅 ◎功曹 ◑白虎 ◑六戊 殺南方	沖甲辰 ◎六合 ◑天牢 ◑地兵 殺北方
辛丑	**癸卯**	**乙巳**	**丁未**	**己酉**	**辛亥**
沖乙未 ◎唐符 ◎武曲 ◑勾陳 殺東方	沖丁酉 ◎明堂 ◎進貴 ◑路空 殺西方	沖己亥 ◎進祿 ◑朱雀 ◎日馬 殺東方	沖辛丑 ◎三合 ◎寶光 ◎天赦 殺西方	沖癸卯 日沖 ●大凶 不可用 殺東方	沖乙巳 ◎三合 ◎貴人 ◑元武 殺西方

戊不受田胎神房床栖　戊辰日時局　沖壬戌的呼癸酉癸未

壬子	甲寅	丙辰	戊午	庚申	壬戌
沖丙午 ◎三合 ◎大進 ◑路空 殺南方	沖戊申 ◎長生 ◎司命 ◑不遇 殺北方	沖庚戌 ◎喜神 ◎青龍 ◑天兵 殺南方	沖壬子 ◑雷兵 ◑天刑 ◑六戊 殺北方	沖甲寅 ◎三合 ◎金匱 ◑地兵 殺南方	沖丙辰 日破 ●大凶 ●路空 殺北方
癸丑	**乙卯**	**丁巳**	**己未**	**辛酉**	**癸亥**
沖丁未 ◎貴人 ◑元武 ◑路空 殺東方	沖己酉 ◎天官 ◎太陽 ◑勾陳 殺西方	沖辛亥 ◎明堂 ◎天赦 ◑日祿 殺東方	沖癸丑 ◎右弼 ◎貴人 ◑朱雀 殺西方	沖乙卯 ◎六合 ◎寶光 ◎天德 殺東方	沖丁巳 ◎玉堂 ◑路空 ◑旬空 殺西方

己不破券胎神門床　己巳日時局　沖癸亥的呼甲辰己未

時	沖				殺
甲子	沖戊午	◎大進	◎貴人	◑白虎	殺南方
丙寅	沖庚申	◎喜神	◎天官	◑天兵	殺北方
戊辰	沖壬戌	◎司命	◑雷兵	◑六戊	殺南方
庚午	沖甲子	◎青龍	◎日祿	◑地兵	殺北方
壬申	沖丙寅	◎羅紋交貴		◑路空	殺南方
甲戌	沖戊辰	◎金匱	◎福德	◑旬空	殺北方
乙丑	沖己未	◎三合	◎玉堂	◑不遇	殺東方
丁卯	沖辛酉	◎天赦	◎貪狼	◑元武	殺西方
己巳	沖癸亥	◎帝旺	◑勾陳	◑大退	殺東方
辛未	沖乙丑	◎明堂	◎福星	◎武曲	殺西方
癸酉	沖丁卯	◎三合	◎長生	◑路空	殺東方
乙亥	沖己巳	●日沖大凶		●不遇	殺西方

午不苦蓋胎神磨碓　庚午日時局　正沖甲子的呼壬戌

時	沖				殺
丙子	沖庚午	●日沖大凶		●不遇	殺南方
戊寅	沖壬申	◎三合	◎生旺	◑六戊	殺北方
庚辰	沖甲戌	◎武曲	◑天牢	◑地兵	殺南方
壬午	沖丙子	◎司命	◎福星	◑路空	殺北方
甲申	沖戊寅	◎青龍	◎日祿	◎日馬	殺南方
丙戌	沖庚辰	◎三合	◑天兵	◎喜神	殺北方
丁丑	沖辛未	◎祿貴交馳		◎天德	殺東方
己卯	沖癸酉	◎玉堂	◎大進	◑天賊	殺西方
辛巳	沖乙亥	◎長生	◎進貴	◑元武	殺東方
癸未	沖丁丑	◎六合	◎貴人	◑路空	殺西方
乙酉	沖己卯	◎明堂	◎帝旺	◎貪狼	殺東方
丁亥	沖辛巳	◎天赦	◎進祿	◑朱雀	殺西方

幸不合醬胎神廚灶廁　辛未日時局　正沖乙丑的呼己亥

時	沖				殺
戊子	沖壬午	◎長生	◎進貴	◑六戊	殺南方
庚寅	沖甲申	◎羅紋交貴		◑地兵	殺北方
壬辰	沖丙戌	◎唐符	◑白虎	◑路空	殺南方
甲午	沖戊子	◎六合	◎大進	◎貴人	殺北方
丙申	沖庚寅	◎喜神	◎司命	◑天兵	殺南方
戊戌	沖壬辰	◎青龍	◑六戊	◑雷兵	殺北方
己丑	沖癸未	●日破大凶		●朱雀	殺東方
辛卯	沖乙酉	◎三合	◎寶光	◎天德	殺西方
癸巳	沖丁亥	◎福星	◎玉堂	◑路空	殺東方
乙未	沖己丑	◎右弼	◑日建	◑元武	殺西方
丁酉	沖辛卯	◎天赦	◎日祿	◑不遇	殺東方
己亥	沖癸巳	◎三合	◎明堂	◑旬空	殺西方

申不安床胎神倉庫爐　壬申日時局　正沖丙寅的呼丁巳

時	沖				殺
庚子	沖甲午	◎三合	◎青龍	◑地兵	殺南方
壬寅	沖丙申	●日沖大凶		●路空	殺北方
甲辰	沖戊戌	◎三合	◎金匱	◎福星	殺南方
丙午	沖庚子	◎喜神	◑白虎	◑天兵	殺北方
戊申	沖壬寅	◎長生	◑雷兵	◑六戊	殺南方
庚戌	沖甲辰	◎司命	◎進祿	◑地兵	殺北方
辛丑	沖乙未	◎天官	◎明堂	◎左輔	殺東方
癸卯	沖丁酉	◎貴人	◑朱雀	◑路空	殺西方
乙巳	沖己亥	◎羅紋交貴		◎天德	殺東方
丁未	沖辛丑	◎玉堂	◎天赦	◎少微	殺西方
己酉	沖癸卯	◎大進	◎進貴	◑元武	殺東方
辛亥	沖乙巳	◎日祿	◎少微	◑勾陳	殺西方

癸不詞訟胎神房床門　癸酉日時局　正沖丁卯的呼辛丑

時	沖				殺
壬子	沖丙午	◎日祿	◎大進	◑路空	殺南方
甲寅	沖戊申	◎青龍	◎功曹	◑天賊	殺北方
丙辰	沖庚戌	◎六合	◎喜神	◑天兵	殺南方
戊午	沖壬子	◎金匱	◑雷兵	◑六戊	殺北方
庚申	沖甲寅	◑狗食	◑白虎	◑地兵	殺南方
壬戌	沖丙辰	◎天官	◑天牢	◑路空	殺北方
癸丑	沖丁未	◎三合	◑勾陳	◑路空	殺東方
乙卯	沖己酉	●日沖大凶		不可用	殺西方
丁巳	沖辛亥	◎三合	◎羅紋交貴		殺東方
己未	沖癸丑	◎天德	◎寶光	◑不遇	殺西方
辛酉	沖乙卯	◎玉堂	◎進祿	◑建刑	殺東方
癸亥	沖丁巳	◎帝旺	◑元武	◑路空	殺西方

大偷修日胎神門雞栖 甲戌日時局 正沖戊辰的呼戊子

甲子	丙寅	戊辰	庚午	壬申	甲戌
沖戊午 ◎大進 ◎福德 ◑天牢 殺南方	沖庚申 ◎喜神 ◎日祿 ◑天兵 殺北方	沖壬戌 ●日破 大凶 ●六戊 殺南方	沖甲子 ◎三合 ◑不遇 ◑地兵 殺北方	沖丙寅 ◎金匱 ◑天賊 ◑路空 殺南方	沖戊辰 ◎元曲 ◑白虎 ◑日建 殺北方
乙丑	丁卯	己巳	辛未	癸酉	乙亥
沖己未 ◎貴人 ◑日刑 ◑元武 殺東方	沖辛酉 ◎六合 ◎天赦 ◎帝旺 殺西方	沖癸亥 ◎明堂 ◎傳送 ◑大退 殺東方	沖乙丑 ◎貴人 ◑日刑 ◑朱雀 殺西方	沖丁卯 ◎天官 ◎寶光 ◑路空 殺東方	沖己巳 ◎長生 ◎玉堂 ◎功曹 殺西方

亥不行嫁胎神碓磨床 乙亥日時局 正沖己巳的呼乙未

丙子	戊寅	庚辰	壬午	甲申	丙戌
沖庚午 ◎喜神 ◎貴人 ◑天兵 殺南方	沖壬申 ◎六合 ◑天牢 ◑六戊 殺北方	沖甲戌 ◎司命 ◎功曹 ◑地兵 殺南方	沖丙子 ◎長生 ◎青龍 ◑路空 殺北方	沖戊寅 ◎貴人 ◑大退 ◑天賊 殺南方	沖庚辰 ◎喜神 ◎金匱 ◑天兵 殺北方
丁丑	己卯	辛巳	癸未	乙酉	丁亥
沖辛未 ◎玉堂 ◎福星 ◎天赦 殺東方	沖癸酉 ◎三合 ◎大進 ◎日祿 殺西方	沖乙亥 ●日沖 大凶 ●勾陳 殺東方	沖丁丑 ◎三合 ◎明堂 ◑路空 殺西方	沖己卯 ◎太陽 ◑朱雀 ○比肩 殺東方	沖辛巳 ◎福星 ◎天赦 ◎寶光 殺西方

丙不修竈胎神廚灶碓 丙子日時局 正沖庚午的呼丁丑

戊子	庚寅	壬辰	甲午	丙申	戊戌
沖壬午 ◎福星 ◎金匱 ◑六戊 殺南方	沖甲申 ◎長生 ◎日馬 ◑地兵 殺北方	沖丙戌 ◎三合 ◑不遇 ◑路空 殺南方	沖戊子 ●日沖 大凶 不可用 殺北方	沖庚寅 ◎三合 ◎青龍 ◎喜神 殺南方	沖壬辰 ◎福星 ◑天刑 ◑六戊 殺北方
己丑	辛卯	癸巳	乙未	丁酉	己亥
沖癸未 ◎六合 ◎寶光 ◎進貴 殺東方	沖乙酉 ◎玉堂 ◎少微 ◑日刑 殺西方	沖丁亥 ◎日祿 ◎進祿 ◑路空 殺東方	沖己丑 ◎進貴 ◑勾陳 ◑日煞 殺西方	沖辛卯 ◎明堂 ◎貴人 ◎天赦 殺東方	沖癸巳 羅紋 ◎ 交貴 ◑朱雀 殺西方

丁不剃頭胎神倉庫廁 丁丑日時局 正沖辛未的呼癸未

庚子	壬寅	甲辰	丙午	戊申	庚戌
沖甲午 ◎六合 ◎進貴 ◑地兵 殺南方	沖丙申 ◎金匱 ◑大退 ◑路空 殺北方	沖戊戌 ◎進貴 ◑日煞 ◑白虎 殺南方	沖庚子 ◎喜神 ◎日祿 ◑天兵 殺北方	沖壬寅 ◎司命 ◎進貴 ◑六戊 殺南方	沖甲辰 ◎青龍 ◎進貴 ◑地兵 殺北方
辛丑	癸卯	乙巳	丁未	己酉	辛亥
沖乙未 ◎唐符 ◑朱雀 ◑日建 殺東方	沖丁酉 ◎天德 ◎寶光 ◑路空 殺西方	沖己亥 ◎三合 ◎玉堂 ◎帝旺 殺東方	沖辛丑 ●日破 大凶 ●元武 殺西方	沖癸卯 ◎三合 ◎大進 ◎福星 殺東方	沖乙巳 ◎明堂 ◎天官 ◎貴人 殺西方

實不祭祀胎神房床爐 戊寅日時局 沖壬申的呼甲辰丙午

壬子	甲寅	丙辰	戊午	庚申	壬戌
沖丙午 ◎大進 ◎青龍 ◑路空 殺南方	沖戊申 ◎長生 ◎進祿 ◑天刑 殺北方	沖庚戌 ◎喜神 ◎金匱 ◑天兵 殺南方	沖壬子 ◎三合 ◎帝旺 ◑六戊 殺北方	沖甲寅 ●日沖 大凶 ●天牢 殺南方	沖丙辰 ◎三合 ◎司命 ◑路空 殺北方
癸丑	乙卯	丁巳	己未	辛酉	癸亥
沖丁未 ◎明堂 ◎貴人 ◑路空 殺東方	沖己酉 ◎天官 ◎貪狼 ◑朱雀 殺西方	沖辛亥 ◎日祿 ◎天赦 ◎寶光 殺東方	沖癸丑 ◎玉堂 ◎貴人 ◎少微 殺西方	沖乙卯 ◎進貴 ◑天賊 ◑元武 殺東方	沖丁巳 天地 ◎ 會合 ◑路空 殺西方

未己亥丁呼的酉癸沖 局時日卯己 門大神胎井穿不卯					
戌 甲	申 壬	午 庚	辰 戊	寅 丙	子 甲
殺◑◎沖 北天合天戊 方牢局地辰	殺◑◎沖 南路交羅丙 方空貴紋寅	殺◑◎◎沖 北地日金甲 方兵祿匱子	殺◑◑◑沖 南六天雷壬 方戊刑兵戌	殺◑◎◎沖 北天青喜庚 方兵龍神申	殺◎◎◎沖 南司貴大戊 方命人進午
亥 乙	酉 癸	未 辛	巳 己	卯 丁	丑 乙
殺◑◎◎沖 西不進三己 方遇祿合巳	殺●●沖 東路大日丁 方空凶沖卯	殺◎◎◎沖 西福寶三乙 方星光合丑	殺◑◑◎沖 東大朱日癸 方退雀馬亥	殺◑◎◎沖 西日明天辛 方建堂赦酉	殺◑◑◎沖 東不勾武己 方遇陳曲未
戌戊辰戊呼的戌甲沖 局時日辰庚 栖磨碓神胎絡經不庚					
戌 丙	申 甲	午 壬	辰 庚	寅 戊	子 丙
殺●●沖 北白大日庚 方虎凶破辰	殺◎◎◎沖 南金日三戊 方匱祿合寅	殺◑◎◎沖 北路天福丙 方空官星子	殺◑◑◎沖 南地日青甲 方兵建龍戌	殺◑◎◎沖 北六日司壬 方戊馬命申	殺◑◎◎沖 南天喜三庚 方兵神合午
亥 丁	酉 乙	未 癸	巳 辛	卯 己	丑 丁
殺◎◎◎沖 西傳玉天辛 方送堂赦巳	殺◎◎沖 東寶會天己 方光合地卯	殺◑◑◎沖 西路朱貴丁 方空雀人丑	殺◎◎◎沖 東功明良乙 方曹堂生亥	殺◎◎沖 西逢胞大癸 方印胎進酉	殺◑◎◎沖 東元貴天辛 方武人赦未
未己呼的亥乙沖正 局時日巳辛 床灶廚神胎醬合不幸					
戌 戊	申 丙	午 甲	辰 壬	寅 庚	子 戊
殺◑◑◎沖 北六雷金壬 方戊兵匱辰	殺◑◎◎沖 南天喜六庚 方兵神合寅	殺◎◎◎沖 北青貴大戊 方龍人進子	殺◑◎◎沖 南路進司丙 方空貴命戌	殺◑◑◎沖 北地天貴甲 方兵牢人申	殺◑◑◎沖 南六白長壬 方戊虎生午
亥 己	酉 丁	未 乙	巳 癸	卯 辛	丑 己
殺不●沖 西可大日甲 方用凶沖辰	殺◎◎◎沖 東天日三辛 方赦祿合卯	殺◎◎◎沖 西明武明己 方輔曲堂丑	殺◑◎◎沖 東路福進丁 方空星貴亥	殺◑◑◎沖 西元天貪乙 方武賊狼酉	殺◎◎◎沖 東少玉三癸 方微堂合未
寅壬呼的子丙沖正 局時日午壬 碓庫倉神胎蓋苦不午					
戌 庚	申 戊	午 丙	辰 甲	寅 壬	子 庚
殺◑◑◎沖 北地天三甲 方兵刑合辰	殺◑◎◎沖 南六日青壬 方戊馬龍寅	殺◑◎◎沖 北天司喜庚 方兵命神子	殺◑◎◎沖 南天武福戊 方牢曲星戌	殺◑◎◎沖 北路臨三丙 方空官合申	殺●●沖 南地大日甲 方兵凶沖午
亥 辛	酉 己	未 丁	巳 乙	卯 癸	丑 辛
殺◑◎沖 西朱交祿乙 方雀馳貴巳	殺◎◎◎沖 東進明大癸 方祿堂進卯	殺◎◎沖 西天會天辛 方赦合地丑	殺◑◎◎沖 東元長貴己 方武生人亥	殺◑◎◎沖 西路貴玉丁 方空人堂酉	殺◑◎◎沖 東日寶進乙 方煞光貴未
申甲呼的丑丁沖正 局時日未癸 廁床房神胎訟詞不癸					
戌 壬	申 庚	午 戊	辰 丙	寅 甲	子 壬
殺◑◎◎沖 北路青天丙 方空龍官辰	殺◑◎◎沖 南地進司甲 方兵貴命寅	殺◑◎◎沖 北六進六壬 方戊貴合子	殺◑◎◎沖 南天喜天庚 方兵神官戌	殺◎◎◎沖 北進福金戊 方貴星匱申	殺◑◎◎沖 南路日大丙 方空祿進午
亥 癸	酉 辛	未 己	巳 丁	卯 乙	丑 癸
殺◑◎◎沖 西路明三丁 方空堂合巳	殺◑◑◑沖 東旬勾五乙 方空陳鬼卯	殺◑◑◎沖 西元不庚癸 方武遇符丑	殺◑◎◎沖 東大貴玉辛 方退人堂亥	殺◎◎◎沖 西貴寶三己 方人光合酉	殺●●沖 東路大日丁 方空凶破未

辰壬呼的寅戊沖正 **局時日申甲** 爐門神胎床安不申

戌 甲	申 壬	午 庚	辰 戊	寅 丙	子 甲
殺◎◎◎沖 北國鳳司戊 方印輦命辰	殺◑◑◎沖 南路天長丙 方空賊生寅	殺◑◑◎沖 北地不進甲 方兵遇祿子	殺◑ ◎ 沖 南六財三壬 方戊局合戌	殺● ● 沖 北朱大日庚 方雀凶沖申	殺◎◎◎沖 南青大三戊 方龍進合午
亥 乙	**酉 癸**	**未 辛**	**巳 己**	**卯 丁**	**丑 乙**
殺◎ ◎ 沖 西進趨六己 方貴乾甲巳	殺◑◑◎沖 東路元天丁 方空武官卯	殺◑◎◎沖 西狗貴玉乙 方食人堂丑	殺◎ ◎ 沖 東寶合天癸 方光格地亥	殺◎◎◎沖 西傳帝天辛 方送旺赦酉	殺◎ ◎ 沖 東明互羅己 方堂貴紋未

子丙呼的卯己沖正 **局時日酉乙** 門磨碓神胎種栽不乙

戌 丙	申 甲	午 壬	辰 庚	寅 戊	子 丙
殺◑◎◎沖 北天進喜庚 方兵貴神辰	殺◑◎◎沖 南白貴天戊 方虎人官寅	殺◑◎◎沖 北路長金丙 方空生匱子	殺◑ ◎ 沖 南地會天甲 方兵合地戌	殺◑◑◎沖 北六雷青壬 方戊兵龍申	殺◑ ◎ 沖 南天交羅庚 方兵貴紋午
亥 丁	**酉 乙**	**未 癸**	**巳 辛**	**卯 己**	**丑 丁**
殺◑◎◎沖 西元天福辛 方武赦星巳	殺◑◎◎沖 東建少玉己 方刑微堂卯	殺◑◎◎沖 西路寶天丁 方空光德丑	殺◑◑◎沖 東不朱三乙 方遇雀合亥	殺● ● 沖 西五大日癸 方鬼凶沖酉	殺◎◎◎沖 東福進三辛 方星貴合未

子甲呼的辰庚沖正 **局時日戌丙** 栖灶廚神胎竈修不丙

戌 戊	申 丙	午 甲	辰 壬	寅 庚	子 戊
殺◑◎◎沖 北六武福壬 方戊曲星辰	殺◑◎◎沖 南天金喜庚 方兵匱神寅	殺◎◎◎沖 北帝大三戊 方旺進合子	殺● ● 沖 南路大日丙 方空凶破戌	殺◑◎◎沖 北地司三甲 方兵命合申	殺◑◎◎沖 南六福天壬 方戊星官午
亥 己	**酉 丁**	**未 乙**	**巳 癸**	**卯 辛**	**丑 己**
殺◑◎◎沖 西大貴玉癸 方退人堂巳	殺◎◎◎沖 東天貴寶辛 方赦人光卯	殺◑◑◎沖 西日朱少己 方刑雀微丑	殺◑◎◎沖 東路日明丁 方空祿堂亥	殺◑ ◎ 沖 西勾合天乙 方陳局地酉	殺◑◑◎沖 東日元太癸 方刑武陰未

巳丁亥丁呼的巳辛沖 **局時日亥丁** 床庫倉神胎嫁行不亥

戌 庚	申 戊	午 丙	辰 甲	寅 壬	子 庚
殺◑◎◎沖 北地福金甲 方兵德匱辰	殺◑◑◑沖 南六天雷壬 方戊刑兵寅	殺◑ ◎ 沖 北天交祿庚 方兵馳貴子	殺◎◎◎沖 南右功司戊 方弼曹命戌	殺◑ ◎ 沖 北路會天丙 方空合地申	殺◑◑◎沖 南地白貪甲 方兵虎狼午
亥 辛	**酉 己**	**未 丁**	**巳 乙**	**卯 癸**	**丑 辛**
殺◎◎◎沖 西寶貴天乙 方光人官巳	殺◎◎◎沖 東福貴大癸 方星人進卯	殺◎◎◎沖 西明天三辛 方堂赦合丑	殺● ● 沖 東勾大日己 方陳凶沖亥	殺◑◑◎沖 西路元三丁 方空武合酉	殺◎◎◎沖 東少唐玉乙 方微符堂未

卯己呼的午壬沖正 **局時日子戊** 碓床房神胎田受不戊

戌 壬	申 庚	午 戊	辰 丙	寅 甲	子 壬
殺◑◑◎沖 北路天右丙 方空刑弼辰	殺◑◎◎沖 南地青三甲 方兵龍合寅	殺● ● 沖 北六大日壬 方戊凶沖子	殺◑◎◎沖 南天喜三庚 方兵神合戌	殺◑◎◎沖 北不日長戊 方遇馬生申	殺◑◎◎沖 南路金大丙 方空匱進午
亥 癸	**酉 辛**	**未 己**	**巳 丁**	**卯 乙**	**丑 癸**
殺◑◑◎沖 西路朱少丁 方空雀微巳	殺◑◎◎沖 東天貪明乙 方賊狼堂卯	殺◑ ◎ 沖 西勾互羅癸 方陳貴紋丑	殺◑◎◎沖 東元日天辛 方武祿赦亥	殺◎◎◎沖 西進天玉己 方貴官堂酉	殺◑◎◎沖 東路貴六丁 方空人合未

己丑日時局　丑不冠帶胎神門廁　正沖癸未的呼丁未

甲子	丙寅	戊辰	庚午	壬申	甲戌
沖戊午 ◎大進 ◎羅紋 合貴 殺南方	沖庚申 ◎喜神 ◎金匱 ◑天兵 殺北方	沖壬戌 ◎進貴 ◑白虎 ◑六戊 殺南方	沖甲子 ◎祿貴 交馳 ◑地兵 殺北方	沖丙寅 ◎司命 ◎貴人 ◑路空 殺南方	沖戊辰 ◎青龍 ◎進貴 ◑日刑 殺北方
乙丑	**丁卯**	**己巳**	**辛未**	**癸酉**	**乙亥**
沖己未 ◎唐符 ◑不遇 ◑朱雀 殺東方	沖辛酉 ◎天赦 ◎寶光 ◎天德 殺西方	沖癸亥 ◎三合 ◎玉堂 ◎帝旺 殺東方	沖乙丑 ●日沖 大凶 ●旬空 殺西方	沖丁卯 ◎三合 ◎長生 ◑路空 殺東方	沖己巳 ◎明堂 ◎日馬 ◑不遇 殺西方

庚寅日時局　實不祭祀胎神碓磨爐　正沖甲申的呼丙申

丙子	戊寅	庚辰	壬午	甲申	丙戌
沖庚午 ◎喜神 ◎青龍 ◑天兵 殺南方	沖壬申 ◎長生 ◑雷兵 ◑六戊 殺北方	沖甲戌 ◎金匱 ◎福德 ◑地兵 殺南方	沖丙子 ◎三合 ◎福星 ◑路空 殺北方	沖戊寅 ●日沖 大凶 ●天牢 殺南方	沖庚辰 ◎喜神 ◎司命 ◑天兵 殺北方
丁丑	**己卯**	**辛巳**	**癸未**	**乙酉**	**丁亥**
沖辛未 ◎天赦 ◎貴人 ◎明堂 殺東方	沖癸酉 ◎大進 胞胎 ◎逢印 殺西方	沖乙亥 ◎長生 ◎寶光 ◎進貴 殺東方	沖丁丑 ◎玉堂 ◎貴人 ◑路空 殺西方	沖己卯 ◎金星 ◎帝旺 ◑元武 殺東方	沖辛巳 ◎六合 ◎天赦 ◑勾陳 殺西方

辛卯日時局　卯不穿井胎神廚灶門　正沖乙酉的呼辛未

戊子	庚寅	壬辰	甲午	丙申	戊戌
沖壬午 ◎司命 ◑雷兵 ◑六戊 殺南方	沖甲申 ◎青龍 ◎貴人 ◑地兵 殺北方	沖丙戌 ◎進貴 ◑天刑 ◑路空 殺南方	沖戊子 ◎大進 ◎貴人 ◎金匱 殺北方	沖庚寅 ◎喜神 ◑白虎 ◑天兵 殺南方	沖壬辰 ◎六合 ◑天牢 ◑六戊 殺北方
己丑	**辛卯**	**癸巳**	**乙未**	**丁酉**	**己亥**
沖癸未 ◎武曲 ◑勾陳 ◎太陰 殺東方	沖乙酉 ◎明堂 同類 ◎相資 殺西方	沖丁亥 ◎福星 ◑朱雀 ◑路空 殺東方	沖己丑 ◎三合 ◎財局 ◎寶光 殺西方	沖辛卯 ●日沖 大凶 ●不遇 殺東方	沖癸巳 ◎三合 ◑元武 ◑大退 殺西方

壬辰日時局　壬不汲水胎神倉庫栖　正沖丙戌的呼壬申

庚子	壬寅	甲辰	丙午	戊申	庚戌
沖甲午 ◎三合 ◑天牢 ◑地兵 殺南方	沖丙申 ◎司命 ◎臨官 ◑路空 殺北方	沖戊戌 ◎福星 ◎青龍 ◑建刑 殺南方	沖庚子 ◎唐符 ◎喜神 ◑天兵 殺北方	沖壬寅 ◎三合 ◎長生 ◑六戊 殺南方	沖甲辰 ●日破 大凶 ●白虎 殺北方
辛丑	**癸卯**	**乙巳**	**丁未**	**己酉**	**辛亥**
沖乙未 ◎天官 ◎水星 ◑元武 殺東方	沖丁酉 ◎福星 ◎貴人 ◑路空 殺西方	沖己亥 ◎明堂 ◎貴人 ◑天賊 殺東方	沖辛丑 ◎天官 ◎天赦 ◑朱雀 殺西方	沖癸卯 ◎六合 ◎大進 ◎寶光 殺東方	沖乙巳 ◎玉堂 ◎日祿 ◎少微 殺西方

癸巳日時局　巳不遠行胎神房床　正沖丁亥的呼甲午

壬子	甲寅	丙辰	戊午	庚申	壬戌
沖丙午 ◎大進 ◎日祿 ◑路空 殺南方	沖戊申 ◑天賊 ◑天牢 ◑日刑 殺北方	沖庚戌 ◎司命 ◎喜神 ◑天兵 殺南方	沖壬子 ◎青龍 ◎進祿 ◑六戊 殺北方	沖甲寅 ◎六合 ◎長生 ◑地兵 殺南方	沖丙辰 ◎天官 ◎金匱 ◑路空 殺北方
癸丑	**乙卯**	**丁巳**	**己未**	**辛酉**	**癸亥**
沖丁未 ◎三合 ◎玉堂 ◑路空 殺東方	沖己酉 ◎長生 ◎福星 ◎貴人 殺西方	沖辛亥 ◎天赦 ◎貴人 ◑大退 殺東方	沖癸丑 ◎明堂 ◎唐符 ◑不遇 殺西方	沖乙卯 ◎三合 ◑朱雀 ◑五鬼 殺東方	沖丁巳 ●日沖 大凶 ●路空 殺西方

子庚酉丁呼的子戊沖 **局時日午甲** 碓門神胎蓋苫不午

戌 甲	申 壬	午 庚	辰 戊	寅 丙	子 甲
殺◑◎◎沖 北天右三戊 方刑弼合辰	殺◑◎◎沖 南路日青丙 方空馬龍寅	殺◑◑◎沖 北地不司甲 方兵遇命子	殺◑◑◑沖 南六天雷壬 方戊牢兵戌	殺◑◎◎沖 北天司喜庚 方兵命神申	殺不 ● 沖 南可大日戊 方用凶沖午
亥 乙	酉 癸	未 辛	巳 己	卯 丁	丑 乙
殺◑◎◎沖 西朱左長己 方雀輔生巳	殺◑◎◎沖 東路明天丁 方空堂官卯	殺◑ ◎ 沖 西勾互羅乙 方陳貴紋丑	殺◑◑◎沖 東狗大進癸 方食退祿亥	殺◎◎◎沖 西帝天玉辛 方旺赦堂酉	殺◎◎◎沖 東貴寶天己 方人光德未

申丙子丙呼的丑己沖 **局時日未乙** 廁磨碓神胎種栽不乙

戌 丙	申 甲	午 壬	辰 庚	寅 戊	子 丙
殺◑◎◎沖 北天青喜庚 方兵龍神辰	殺◎ ◎ 沖 南司互羅戊 方命貴紋寅	殺◑◎◎沖 北路長六丙 方空生合子	殺◑◑◎沖 南地白進甲 方兵虎貴戌	殺◑◎◎沖 北六進金壬 方戊貴匱申	殺◑◎◎沖 南天貴喜庚 方兵人神午
亥 丁	酉 乙	未 癸	巳 辛	卯 己	丑 丁
殺◎◎◎沖 西福明三辛 方星堂合巳	殺◑○◎沖 東勾比太己 方陳肩陽卯	殺◑◑◎沖 西路元右丁 方空武弼丑	殺◑◎◎沖 東不玉日乙 方遇堂馬亥	殺◎◎◎沖 西日大三癸 方祿進合酉	殺● ● 沖 東朱大日辛 方雀凶破未

丑乙呼的寅庚沖正 **局時日申丙** 爐灶廚神胎竈修不丙

戌 戊	申 丙	午 甲	辰 壬	寅 庚	子 戊
殺◑◎◎沖 北六福司壬 方戊星命辰	殺◑◑◎沖 南天天喜庚 方牢兵神寅	殺◑◎◎沖 北白武大戊 方虎曲進子	殺◑◎◎沖 南路金三丙 方空匱合戌	殺● ● 沖 北天大日甲 方刑凶沖申	殺◑◎◎沖 南六青福壬 方戊龍星午
亥 己	酉 丁	未 乙	巳 癸	卯 辛	丑 己
殺◑ ● 沖 西大交羅癸 方退貴紋巳	殺◑◎◎沖 東元貴天辛 方武人赦卯	殺◑◎◎沖 西狗進玉己 方食貴堂丑	殺◑◎◎沖 東路日寶丁 方空祿光亥	殺◑◎◎沖 西朱貪紫乙 方雀狼微酉	殺◎◎◎沖 東右進明癸 方弼貴堂未

酉丁呼的卯辛沖正 **局時日酉丁** 門庫倉神胎頭剃不丁

戌 庚	申 戊	午 丙	辰 甲	寅 壬	子 庚
殺◑◑◎沖 北地天右甲 方兵牢弼辰	殺◑◑◑沖 南六白雷壬 方戊虎兵寅	殺◑◎◎沖 北天祿喜庚 方兵貴神子	殺◑◎◎沖 南天武六戊 方刑曲合戌	殺◑◑◎沖 北路大青丙 方空退龍申	殺◑◎◎沖 南地鳳司甲 方兵輦命午
亥 辛	酉 己	未 丁	巳 乙	卯 癸	丑 辛
殺◑◎◎沖 西元貴天乙 方武人官巳	殺◎◎◎沖 東福玉大癸 方星堂進卯	殺◎◎◎沖 西寶進天辛 方光貴赦丑	殺◑◎◎沖 東朱生三己 方雀旺合亥	殺● ● 沖 西路大日丁 方空凶沖酉	殺◑◎◎沖 東勾進三乙 方陳祿合未

亥癸呼的辰壬沖正 **局時日戌戊** 栖床房神胎田受不戊

戌 壬	申 庚	午 戊	辰 丙	寅 甲	子 壬
殺◑◑◎沖 北路白武丙 方空虎曲辰	殺◑◎◎沖 南地福金甲 方兵星匱寅	殺◑◎◎沖 北六帝三壬 方戊旺合子	殺● ● 沖 南旬大日庚 方空凶破戌	殺◑◎◎沖 北不司三戊 方遇命合申	殺◑◑◎沖 南路天大丙 方空牢進午
亥 癸	酉 辛	未 己	巳 丁	卯 乙	丑 癸
殺◑◎◎沖 西路少玉丁 方空微堂巳	殺◑◎◎沖 東天寶天乙 方賊光德卯	殺◑◎◎沖 西朱右貴癸 方雀弼人丑	殺◎◎◎沖 東天日明辛 方赦祿堂亥	殺◑◎◎沖 西勾六天己 方陳合官酉	殺◑◑◎沖 東路元貴丁 方空武人未

辰庚呼的戌戊沖正　**局時日辰甲**　栖雞門神胎制麟中虎

戌　甲	申　壬	午　庚	辰　戊	寅　丙	子　甲
殺●　●沖 北白大日戊 方虎凶破辰	殺◑◎◎沖 南路金三丙 方空匱合寅	殺◑◑◎沖 北地天貪甲 方兵刑狼子	殺◑◑◎沖 南六雷青壬 方戊兵龍戌	殺◑◎◎沖 北天日福庚 方兵祿星申	殺◑◎◎沖 南天大三戊 方牢進合午
亥　乙	酉　癸	未　辛	巳　己	卯　丁	丑　乙
殺◎　◎沖 西玉趨六己 方堂乾甲巳	殺◑◎◎沖 東路寶六丁 方空光合卯	殺◑◎◎● 西朱貴天乙 方雀人官丑	殺◑◑◎沖 東大五明癸 方退鬼堂亥	殺◑◎◎沖 西勾帝天辛 方陳旺赦酉	殺◑◎◎沖 東元太貴己 方武陰人未

子丙呼的亥己沖正　**局時日巳乙**　床磨碓神胎種栽不乙

戌　丙	申　甲	午　壬	辰　庚	寅　戊	子　丙
殺◑◎◎沖 北天金喜庚 方兵匱神辰	殺◑◎◎沖 南天貴六戊 方賊人合寅	殺◑◎◎沖 北路長青丙 方空生龍子	殺◑◑◎沖 南地狗司甲 方兵食命戌	殺◑◑◎沖 北六雷進壬 方戊兵祿申	殺◑　◎沖 南天交祿庚 方兵馳貴午
亥　丁	酉　乙	未　癸	巳　辛	卯　己	丑　丁
殺不　●沖 西可大日辛 方用凶沖巳	殺◑◎◎沖 東朱太三己 方雀陽合卯	殺◑◎◎沖 西路進明丁 方空貴堂丑	殺◑◎◎沖 東勾左少乙 方陳輔微亥	殺◑◎◎沖 西元大日癸 方武進祿酉	殺◎◎◎沖 東玉天三辛 方堂赦合未

未丁巳丁呼的子庚沖　**局時日午丙**　碓灶廚神胎竈修不丙

戌　戊	申　丙	午　甲	辰　壬	寅　庚	子　戊
殺◑◎◎沖 北六福三壬 方戊星合辰	殺◑◎◎沖 南天青喜庚 方兵龍神寅	殺◎◎◎沖 北帝司大戊 方旺命進子	殺◑◑◎沖 南路不武丙 方空遇曲戌	殺◑◎◎沖 北地長三甲 方兵生合申	殺●　●沖 南六大日壬 方戊凶沖午
亥　己	酉　丁	未　乙	巳　癸	卯　辛	丑　己
殺◑　◎沖 西朱交祿癸 方雀馳貴巳	殺◎◎◎沖 東天貴明辛 方赦人堂卯	殺◑◎◎沖 西勾長六己 方陳生合丑	殺◑◎◎沖 東路金日丁 方空星祿亥	殺◎◎◎沖 西少進玉乙 方微貴堂酉	殺◎◎◎沖 東進天寶癸 方祿德光未

未己呼的丑辛沖正　**局時日未丁**　廁庫倉神胎頭剃不丁

戌　庚	申　戊	午　丙	辰　甲	寅　壬	子　庚
殺◑◎◎沖 北地進青甲 方兵貴龍辰	殺◑◎◎沖 南六進司壬 方戊貴命寅	殺◑◎◎沖 北天日喜庚 方兵祿神子	殺◑◑◎沖 南白不進戊 方虎遇貴戌	殺◑◎◎沖 北路臨金丙 方空官匱申	殺◑◑◎沖 南地天進甲 方兵刑貴午
亥　辛	酉　己	未　丁	巳　乙	卯　癸	丑　辛
殺◎◎◎沖 西貴明三乙 方人堂合巳	殺◎◎◎沖 東福貴大癸 方星人進卯	殺◑　◎沖 西元相同辛 方武資類丑	殺◎◎◎沖 東玉帝日己 方堂旺馬亥	殺◑◎◎沖 西路寶三丁 方空光合酉	殺●　●沖 東朱大日乙 方雀凶破未

戌庚呼的寅壬沖正　**局時日申戊**　爐床房神胎床安不申

戌　壬	申　庚	午　戊	辰　丙	寅　甲	子　壬
殺◑◎◎沖 北路鳳司丙 方空輦命辰	殺◑◎◎沖 南地進福甲 方兵祿星寅	殺◑◑◎沖 北六白帝壬 方戊虎旺子	殺◑◎◎沖 南天金喜庚 方兵匱神戌	殺●　●沖 北天大日戊 方刑凶沖申	殺◑◎◎沖 南路青大丙 方空龍進午
亥　癸	酉　辛	未　己	巳　丁	卯　乙	丑　癸
殺◑◑◎沖 西路勾少丁 方空陳微巳	殺◑◑◎沖 東五元功乙 方鬼武曹卯	殺◎　◎沖 西玉交羅癸 方堂貴紋丑	殺◎◎◎沖 東寶日六辛 方光祿合亥	殺◑◎◎沖 西朱進天己 方雀貴官酉	殺◑◎◎沖 東路貴明丁 方空人堂未

己亥日時局

亥不行嫁 胎神門床　正沖癸巳的呼辛未

甲子	丙寅	戊辰	庚午	壬申	甲戌
沖戊午 ◎大進 ◎貴人 ◑白虎 殺南方	沖庚申 ◎喜神 ◎進貴 ◑天兵 殺北方	沖壬戌 ◎司命 ◑雷兵 ◑六戊 殺南方	沖甲子 ◎青龍 ◎日祿 ◑地兵 殺北方	沖丙寅 ◎祿貴交馳 ◑路空 殺南方	沖戊辰 ◎金匱 ◎福德 ◑狗食 殺北方
乙丑	**丁卯**	**己巳**	**辛未**	**癸酉**	**乙亥**
沖己未 ◎玉堂 ◎少微 ◑不遇 殺東方	沖辛酉 ◎三合 ◎進貴 ◎天赦 殺西方	沖癸亥 ●日沖大凶 ●旬空 殺東方	沖乙丑 ◎三合 ◎明堂 ◎福星 殺西方	沖丁卯 ◎長生 ◑朱雀 ◑路空 殺東方	沖己巳 ◎天德 ◎寶光 ◑建刑 殺西方

庚子日時局

庚不經絡 胎神碓磨　正沖甲午的呼乙未

丙子	戊寅	庚辰	壬午	甲申	丙戌
沖庚午 ◎金匱 ◑天兵 ◎喜神 殺南方	沖壬申 ◎日馬 ◑白虎 ◑六戊 殺北方	沖甲戌 ◎三合 ◑天牢 ◑地兵 殺南方	沖丙子 ●日沖大凶 ●路空 殺北方	沖戊寅 ◎三合 ◎日祿 ◎青龍 殺南方	沖庚辰 ◎喜神 ◑不遇 ◑天兵 殺北方
丁丑	**己卯**	**辛巳**	**癸未**	**乙酉**	**丁亥**
沖辛未 ◎天赦 ◎貴人 ◎寶光 殺東方	沖癸酉 ◎大進 ◎玉堂 ◎進貴 殺西方	沖乙亥 ◎長生 ◎太陰 ◑元武 殺東方	沖丁丑 ◎貴人 ◎進祿 ◑路空 殺西方	沖己卯 ◎明堂 ◎帝旺 ◎進貴 殺東方	沖辛巳 ◎天赦 ◎左輔 ◑朱雀 殺西方

辛丑日時局

辛不合醬 胎神廚灶廁　正沖乙未的呼壬子

戊子	庚寅	壬辰	甲午	丙申	戊戌
沖壬午 ◎長生 ◎進貴 ◑六戊 殺南方	沖甲申 ◎羅紋交貴 ◑地兵 殺北方	沖丙戌 ◎唐符 ◑白虎 ◑路空 殺南方	沖戊子 ◎羅紋互貴 ◎大進 殺北方	沖庚寅 ◎喜神 ◎司命 ◑天兵 殺南方	沖壬辰 ◎青龍 ◑六戊 ◑雷兵 殺北方
己丑	**辛卯**	**癸巳**	**乙未**	**丁酉**	**己亥**
沖癸未 ◎太陰 ◑日建 ◑朱雀 殺東方	沖乙酉 ◎天德 ◎寶光 ○比肩 殺西方	沖丁亥 ◎三合 ◎福星 ◑路空 殺東方	沖己丑 ●日破大凶 ●玄武 殺西方	沖辛卯 ◎三合 ◎天赦 ◎日祿 殺東方	沖癸巳 ◎明堂 ◎日馬 ◑大退 殺西方

壬寅日時局

壬不汲水 胎神倉庫爐　正沖丙申的呼甲辰

庚子	壬寅	甲辰	丙午	戊申	庚戌
沖甲午 ◎青龍 ◎貪狼 ◑地兵 殺南方	沖丙申 ◎六壬趨艮 ◑路空 殺北方	沖戊戌 ◎金匱 ◎福星 ◎進祿 殺南方	沖庚子 ◎喜神 ◎三合 ◑天兵 殺北方	沖壬寅 ●日沖大凶 ●六戊 殺南方	沖甲辰 ◎三合 ◎司命 ◑地兵 殺北方
辛丑	**癸卯**	**乙巳**	**丁未**	**己酉**	**辛亥**
沖乙未 ◎明堂 ◎天官 ◎進貴 殺東方	沖丁酉 ◎貴人 ◑朱雀 ◑路空 殺西方	沖己亥 ◎天德 ◎寶光 ◎貴人 殺東方	沖辛丑 ◎玉堂 ◎天官 ◎天赦 殺西方	沖癸卯 ◎大進 ◎傳送 ◑元武 殺東方	沖乙巳 ◎祿貴交馳 ◎六合 殺西方

癸卯日時局

卯不穿井 胎神房床門　沖丁酉的呼丙辰丁巳

壬子	甲寅	丙辰	戊午	庚申	壬戌
沖丙午 ◎大進 ◎日祿 ◑路空 殺南方	沖戊申 ◎青龍 ◎左輔 ◑狗食 殺北方	沖庚戌 ◎喜神 ◎武曲 ◑天兵 殺南方	沖壬子 ◎金匱 ◑雷兵 ◑六戊 殺北方	沖甲寅 ◎國印 ◑白虎 ◑地兵 殺南方	沖丙辰 ◎六合 ◎進貴 ◑路空 殺北方
癸丑	**乙卯**	**丁巳**	**己未**	**辛酉**	**癸亥**
沖丁未 ◎進貴 ◑勾陳 ◑路空 殺東方	沖己酉 ◎祿貴交馳 ◎明堂 殺西方	沖辛亥 ◎天赦 ◎貴人 ◑大退 殺東方	沖癸丑 ◎三合 ◎寶光 ◎天德 殺西方	沖乙卯 ●日沖大凶 ●五鬼 殺東方	沖丁巳 ◎三合 ◎生旺 ◑路空 殺西方

己酉日時局

己不破劵 胎神大門 正沖癸卯 的呼庚申

時	沖	吉凶	吉凶	吉凶	殺
甲子	沖戊午	◎大進	◎貴人	◎司命	殺南方
乙丑	沖己未	◎三合	◎唐符	◑不遇	殺東方
丙寅	沖庚申	◎喜神	◎青龍	◑天兵	殺北方
丁卯	沖辛酉	日沖	●大凶	●旬空	殺西方
戊辰	沖壬戌	◎六合	◑雷兵	◑六戊	殺南方
己巳	沖癸亥	◎三合	◎生旺	◑朱雀	殺東方
庚午	沖甲子	◎金匱	◎日祿	◑地兵	殺北方
辛未	沖乙丑	◎福星	◎寶光	◎進祿	殺西方
壬申	沖丙寅	◎貴人	◑路空	◑白虎	殺南方
癸酉	沖丁卯	◎長生	◎玉堂	◑路空	殺東方
甲戌	沖戊辰	◎右弼	◎太陰	◑天牢	殺北方
乙亥	沖己巳	◎馬元	◑不遇	◑元武	殺西方

庚戌日時局

庚不經絡 胎神碓磨栖 正沖甲辰 的呼辛丑

時	沖	吉凶	吉凶	吉凶	殺
丙子	沖庚午	◎喜神	◑天牢	◑天兵	殺南方
丁丑	沖辛未	◎天赦	◎貴人	◑元武	殺東方
戊寅	沖壬申	◎三合	◎司命	◑六戊	殺北方
己卯	沖癸酉	◎六合	◎大進	◑勾陳	殺西方
庚辰	沖甲戌	日破	●大凶	●地兵	殺南方
辛巳	沖乙亥	◎長生	◎明堂	◎傳送	殺東方
壬午	沖丙子	◎福星	◎天官	◑路空	殺北方
癸未	沖丁丑	◎貴人	◑朱雀	◑路空	殺西方
甲申	沖戊寅	◎金匱	◎日祿	◎馬元	殺南方
乙酉	沖己卯	◎天德	◎寶光	◎帝旺	殺東方
丙戌	沖庚辰	◎喜神	◑白虎	◑天兵	殺北方
丁亥	沖辛巳	◎玉堂	◎天赦	◎少微	殺西方

辛亥日時局

亥不行嫁 胎神廚灶床 正沖乙巳 的呼辛亥

時	沖	吉凶	吉凶	吉凶	殺
戊子	沖壬午	◎長生	◑白虎	◑六戊	殺南方
己丑	沖癸未	◎玉堂	◎少微	◑五鬼	殺東方
庚寅	沖甲申	◎六合	◎貴人	◑地兵	殺北方
辛卯	沖乙酉	◎三合	◑元武	◑天賊	殺西方
壬辰	沖丙戌	◎司命	◎進祿	◑路空	殺南方
癸巳	沖丁亥	日沖	●大凶	●路空	殺東方
甲午	沖戊子	◎大進	◎貴人	◎青龍	殺北方
乙未	沖己丑	◎三合	◎明堂	◎武曲	殺西方
丙申	沖庚寅	◎喜神	◎帝旺	◑天兵	殺南方
丁酉	沖辛卯	◎天赦	◎日祿	◎進貴	殺東方
戊戌	沖壬辰	◎金匱	◑雷兵	◑六戊	殺北方
己亥	沖癸巳	◎天德	◎寶光	◑大退	殺西方

壬子日時局

壬不汲水 胎神倉庫碓 正沖丙午 的呼乙亥

時	沖	吉凶	吉凶	吉凶	殺
庚子	沖甲午	◎金匱	◎福德	◑地兵	殺南方
辛丑	沖乙未	◎六合	◎天德	◎寶光	殺東方
壬寅	沖丙申	◎趨艮	◑白虎	◑路空	殺北方
癸卯	沖丁酉	祿貴	◎交馳	◑路空	殺西方
甲辰	沖戊戌	◎三合	◎福星	◎武曲	殺南方
乙巳	沖己亥	羅紋	◎交貴	◑天賊	殺東方
丙午	沖庚子	日沖	●大凶	●天兵	殺北方
丁未	沖辛丑	◎天赦	◎天官	◑勾陳	殺西方
戊申	沖壬寅	◎三合	◎青龍	◑六戊	殺南方
己酉	沖癸卯	◎大進	◎進貴	◎明堂	殺東方
庚戌	沖甲辰	◎右弼	◑天刑	◑地兵	殺北方
辛亥	沖乙巳	◎日祿	◎少微	◑朱雀	殺西方

癸丑日時局

丑不冠帶 胎神房床廁 沖丁未 的呼丁亥甲寅

時	沖	吉凶	吉凶	吉凶	殺
壬子	沖丙午	◎大進	◎日祿	◑路空	殺南方
癸丑	沖丁未	同類	◎相資	◑路空	殺東方
甲寅	沖戊申	◎金匱	◎進貴	◑天賊	殺北方
乙卯	沖己酉	◎福星	◎貴人	◎寶光	殺西方
丙辰	沖庚戌	◎喜神	◑白虎	◑天兵	殺南方
丁巳	沖辛亥	◎三合	◎貴人	◎玉堂	殺東方
戊午	沖壬子	◎進貴	◑天牢	◑六戊	殺北方
己未	沖癸丑	日破	●大凶	●玄武	殺西方
庚申	沖甲寅	◎司命	◎進貴	◑地兵	殺南方
辛酉	沖乙卯	三合	◎扶元	◑勾陳	殺東方
壬戌	沖丙辰	◎青龍	◑日刑	◑路空	殺北方
癸亥	沖丁巳	◎明堂	◎日馬	◑路空	殺西方

甲寅日時局　寅不祭祀胎神門爐　沖戊申的呼癸巳癸未

甲子	丙寅	戊辰	庚午	壬申	甲戌
沖戊午 ◎大進 ◎青龍 ◎進祿 殺南方	沖庚申 ◎喜神 ◎日祿 ◑天兵 殺北方	沖壬戌 ◎金匱 ◑雷兵 ◑六戊 殺南方	沖甲子 ◎三合 ◑白虎 ◑地兵 殺北方	沖丙寅 日沖 ●大凶 ●路空 殺南方	沖戊辰 ◎三合 ◎司命 ◎進祿 殺北方
乙丑	**丁卯**	**己巳**	**辛未**	**癸酉**	**乙亥**
沖己未 ◎明堂 ◎貴人 ◎右弼 殺東方	沖辛酉 ◎天赦 ◎帝旺 ◑朱雀 殺西方	沖癸亥 ◎寶光 ◑大退 ◑日刑 殺東方	沖乙丑 羅紋 ◎互貴 ◎玉堂 殺西方	沖丁卯 ◎天官 ◎唐符 ◑路空 殺東方	沖己巳 ◎六合 ◎長生 ◑勾陳 殺西方

乙卯日時局　卯不穿井胎神碓磨門　沖己酉的呼戊子丙辰

丙子	戊寅	庚辰	壬午	甲申	丙戌
沖庚午 ◎司命 ◎貴人 ◑天兵 殺南方	沖壬申 ◎青龍 ◑雷兵 ◑六戊 殺北方	沖甲戌 ◎武曲 ◑天刑 ◑地兵 殺南方	沖丙子 ◎長生 ◎金匱 ◑路空 殺北方	沖戊寅 ◎貴人 ◑白虎 ◑大退 殺南方	沖庚辰 ◎喜神 ◎六合 ◑天兵 殺北方
丁丑	**己卯**	**辛巳**	**癸未**	**乙酉**	**丁亥**
沖辛未 ◎天赦 ◎福星 ◑勾陳 殺東方	沖癸酉 ◎大進 ◎日祿 ◎日堂 殺西方	沖乙亥 ◎日馬 ◎少微 ◑朱雀 殺東方	沖丁丑 ◎三合 ◎寶光 ◑路空 殺西方	沖己卯 日沖 ●大凶 不可用 殺東方	沖辛巳 ◎天赦 ◎三合 ◎福星 殺西方

丙辰日時局　丙不修竈胎神廚灶栖　沖庚戌的呼甲辰甲申

戊子	庚寅	壬辰	甲午	丙申	戊戌
沖壬午 ◎三合 ◎福星 ◑六戊 殺南方	沖甲申 ◎長生 ◎司命 ◑地兵 殺北方	沖丙戌 ◎青龍 ◑建刑 ◑路空 殺南方	沖戊子 ◎大進 ◎帝旺 ◑天刑 殺北方	沖庚寅 ◎喜神 ◎金匱 ◑天兵 殺南方	沖壬辰 日破 ●大凶 ●六戊 殺北方
己丑	**辛卯**	**癸巳**	**乙未**	**丁酉**	**己亥**
沖癸未 ◎國印 ◑元武 ◑旬空 殺東方	沖乙酉 ◎幹合 ◑勾陳 ◑日害 殺西方	沖丁亥 ◎明堂 ◎日祿 ◑路空 殺東方	沖己丑 ◎少微 ◎右弼 ◑朱雀 殺西方	沖辛卯 ◎天赦 ◎貴人 ◎寶光 殺東方	沖癸巳 ◎玉堂 ◎貴人 ◑大退 殺西方

丁巳日時局　丁不剃頭胎神倉庫床　正沖辛亥的呼庚子

庚子	壬寅	甲辰	丙午	戊申	庚戌
沖甲午 ◎貪狼 ◑白虎 ◑地兵 殺南方	沖丙申 ◎進貴 ◑大退 ◑路空 殺北方	沖戊戌 ◎司命 ◎傳送 ◎右弼 殺南方	沖庚子 ◎喜神 ◎日祿 ◑天兵 殺北方	沖壬寅 ◎六合 ◎進祿 ◑六戊 殺南方	沖甲辰 ◎金匱 ◎福德 ◑地兵 殺北方
辛丑	**癸卯**	**乙巳**	**丁未**	**己酉**	**辛亥**
沖乙未 ◎三合 ◎玉堂 ◎少微 殺東方	沖丁酉 ◎進貴 ◑元武 ◑路空 殺西方	沖己亥 ◎帝旺 ◎左輔 ◑勾陳 殺東方	沖辛丑 ◎天赦 ◎明堂 ◎武曲 殺西方	沖癸卯 ◎三合 ◎大進 ◎貴人 殺東方	沖乙巳 日沖 ●大凶 ●五鬼 殺西方

戊午日時局　午不苫蓋胎神房床碓　正沖壬子的呼辛未

壬子	甲寅	丙辰	戊午	庚申	壬戌
沖丙午 日沖 ●大凶 ●路空 殺南方	沖戊申 ◎三合 ◎生旺 ◑白虎 殺北方	沖庚戌 ◎喜神 ◎武曲 ◑天兵 殺南方	沖壬子 ◎司命 ◎帝旺 ◑六戊 殺北方	沖甲寅 ◎青龍 ◎福星 ◑地兵 殺南方	沖丙辰 三合 ◎財局 ◑路空 殺北方
癸丑	**乙卯**	**丁巳**	**己未**	**辛酉**	**癸亥**
沖丁未 ◎寶光 ◎貴人 ◑路空 殺東方	沖己酉 ◎玉堂 ◎天官 ◎少微 殺西方	沖辛亥 ◎日祿 ◎天赦 ◑元武 殺東方	沖癸丑 祿貴 ◎交馳 ◑勾陳 殺西方	沖乙卯 ◎明堂 ◎貪狼 ◎進貴 殺東方	沖丁巳 ◎少微 ◑朱雀 ◑路空 殺西方

戌丙呼的丑癸沖正　**局時日未己**　廁門神胎券破不己

戌　甲	申　壬	午　庚	辰　戊	寅　丙	子　甲
殺◎◎◎沖 北日進青戊 方刑貴龍辰	殺◑◎◎沖 南路貴司丙 方空人命寅	殺◑　◎　沖 北地交祿甲 方兵馳貴子	殺◑◑◎沖 南六白進壬 方戊虎貴戌	殺◑◎◎沖 北天金喜庚 方兵匱神申	殺　◎　◎沖 南交羅大戊 方貴紋進午
亥　乙	酉　癸	未　辛	巳　己	卯　丁	丑　乙
殺◑◎◎沖 西不明三己 方遇堂合巳	殺◑◑◎沖 東路勾長丁 方空陳生卯	殺◑◎◎沖 西元右福乙 方武弼星丑	殺◑◎◎沖 東大玉帝癸 方退堂旺亥	殺◎◎◎沖 西天寶三辛 方赦光合酉	殺●　●　沖 東朱大日己 方雀凶破未

酉辛巳辛呼的寅甲沖　**局時日申庚**　爐磨碓神胎床安不申

戌　丙	申　甲	午　壬	辰　庚	寅　戊	子　丙
殺◑◎◎沖 北天司喜庚 方兵命神辰	殺◑◎◎沖 南天太日戊 方牢陽祿寅	殺◑◎◎沖 北路天福丙 方空官星子	殺◑◎◎沖 南地金三甲 方兵匱合戌	殺●　●　沖 北六大日壬 方戊凶沖申	殺◑◎◎沖 南天青三庚 方兵龍合午
亥　丁	酉　乙	未　癸	巳　辛	卯　己	丑　丁
殺◑◎◎沖 西勾水天辛 方陳星赦巳	殺◑◎◎沖 東元進帝己 方武貴旺卯	殺◑◎◎沖 西路貴玉丁 方空人堂丑	殺◎◎◎沖 東寶長六乙 方光生合亥	殺◑◎◎沖 西天進大癸 方賊貴進酉	殺◎◎◎沖 東天貴明辛 方赦人堂未

辰庚呼的卯乙沖正　**局時日酉辛**　門灶廚神胎醬合不辛

戌　戊	申　丙	午　甲	辰　壬	寅　庚	子　戊
殺◑◑◑沖 北六天雷壬 方戊牢兵辰	殺◑◎◎沖 南天進喜庚 方兵貴神寅	殺◎◎◎沖 北金貴大戊 方匱人進子	殺◑◑◎沖 南路天六丙 方空刑合戌	殺◑◎◎沖 北地貴青甲 方兵人龍申	殺◑◎◎沖 南六長司壬 方戊生命午
亥　己	酉　丁	未　乙	巳　癸	卯　辛	丑　己
殺◑◑◎沖 西大元日癸 方退武馬巳	殺◎　◎　沖 東天交祿辛 方赦馳貴卯	殺◑◎◎沖 西土寶天己 方星光德丑	殺◑◎◎沖 東路福三丁 方空星合亥	殺不　●　沖 西可大日乙 方用凶沖酉	殺◑◎◎沖 東勾武三癸 方陳曲合未

丑辛酉辛呼的辰丙沖　**局時日戌壬**　栖庫倉神胎水汲不壬

戌　庚	申　戊	午　丙	辰　甲	寅　壬	子　庚
殺◑◑◎沖 北地白武甲 方兵虎曲辰	殺◑◎◎沖 南六日金壬 方戊馬匱寅	殺◑◎◎沖 北天三喜庚 方兵合神子	殺不　●　沖 南可大日戊 方用凶破戌	殺◑◎◎沖 北路司三丙 方空命合申	殺◑◑◎沖 南地天帝甲 方兵牢旺午
亥　辛	酉　己	未　丁	巳　乙	卯　癸	丑　辛
殺◎◎◎沖 西少日玉乙 方微祿堂巳	殺◎◎◎沖 東寶天大癸 方光德進卯	殺◑◎◎沖 西朱天天辛 方雀赦官丑	殺◑◎◎沖 東天貴明己 方賊人堂亥	殺◑◎◎沖 西路貴六丁 方空人合酉	殺◑◎◎沖 東元水天乙 方武星官未

寅丙呼的巳丁沖正　**局時日亥癸**　床房神胎嫁行不亥

戌　壬	申　庚	午　戊	辰　丙	寅　甲	子　壬
殺◑◎◎沖 北路進金丙 方空祿匱辰	殺◑◑◎沖 南地天國甲 方兵刑印寅	殺◑◑◎沖 北六雷青壬 方戊兵龍子	殺◑◎◎沖 南天司喜庚 方兵命神戌	殺◑◎◎沖 北天臨六戊 方牢官合申	殺◑◎◎沖 南路日大丙 方空祿進午
亥　癸	酉　辛	未　己	巳　丁	卯　乙	丑　癸
殺◑◎◎沖 西路帝寶丁 方空旺光巳	殺◑◑◎沖 東五朱進乙 方鬼雀馬卯	殺◑◎◎沖 西不明三癸 方遇堂合丑	殺●　●　沖 東勾大日辛 方陳凶沖亥	殺◎◎◎沖 西貴長三己 方人生合酉	殺◑◎◎沖 東路少玉丁 方空微堂未

附錄②：六十甲子女婚課擇吉參考便覽表

甲子女 擇吉婚課一覽表

姜老師風水命理工作室

祿命宮：寅宮
男女宮：戌宮
真夫星：辛未
真天嗣：丙寅
沖真夫星：丁丑
沖真天嗣：壬申 大忌
夫星死墓絕：巳辰卯
天嗣死墓絕：酉戌亥
殺夫：寅
滅子：辰
箭刃：卯酉
自縊煞：酉
勾絞：卯酉
夫妻宮：申宮

女命生年支凶神忌用

正三殺：未
咸池：酉
驛馬：寅
殺翁日：丑
殺姑日：未
孤辰寡宿：寅戌
三刑：卯
紅鸞女產：卯

天狗：戌
六害：未
破碎：巳
反目：卯酉
元神：亥
劫煞：巳
婚日忌：四廢、四窮、四忌、五墓、八專、往亡等日。

嫁年	子	丑	寅	卯	辰	巳	午	未	申	酉	戌	亥
祿命					天狗占宮		白虎占宮					
男女	天狗占宮		白虎占宮									
夫星	長生	養	胎	絕	墓	死	病	衰	帝旺	臨官	冠帶	沐浴
天嗣	胎	養	長生	沐浴	冠帶	臨官	帝旺	衰	病	死	墓	絕

婚月	正	二	三	四	五	六	七	八	九	十	十一	十二
天德	丁	坤	壬	辛	乾	甲	癸	艮	丙	乙	巽	庚
月德	丙	甲	壬	庚	丙	甲	壬	庚	丙	甲	壬	庚

周書合卦

體卦（卦上）艮
用卦（卦下）坎

下卦視四配男命生年干所泊之宮。
陽男泊中宮：坤
陰男泊中宮：離

坤	兌	乾
離	中	坎
巽	震	艮

乙丑女 擇吉婚課一覽表

姜老師風水命理工作室

祿命宮：卯宮
男女宮：亥宮
真夫星：庚辰
真天嗣：丁亥
沖真夫星：丙戌
沖真天嗣：癸巳 大忌
夫星死墓絕：子丑寅
天嗣死墓絕：寅丑子
殺夫：卯
滅子：巳
箭刃：辰戌
自縊煞：午
勾絞：戌辰
夫妻宮：酉宮

嫁年	祿命	男女	夫星	天嗣
子			死	絕
丑		天狗占宮	墓	墓
寅			絕	死
卯		白虎占宮	胎	病
辰			養	衰
巳	天狗占宮		長生	帝旺
午			沐浴	臨官
未	白虎占宮		冠帶	冠帶
申			臨官	沐浴
酉			帝旺	長生
戌			衰	養
亥			病	胎

婚月	天德	月德
正	丁	丙
二	坤	甲
三	壬	壬
四	辛	庚
五	乾	丙
六	甲	甲
七	癸	壬
八	艮	庚
九	丙	丙
十	乙	甲
十一	巽	壬
十二	庚	庚

女命生年支凶神忌用

正三殺：辰
咸池：午
驛馬：亥
殺翁日：寅
殺姑日：申
孤辰寡宿：寅戌
三刑：未
紅鸞女產：寅
天狗：亥
六害：午
破碎：丑
反目：辰戌
元神：申
劫煞：寅
婚日忌：四廢、四窮、四忌、五墓、八專、往亡等日。

周書合卦

體卦（卦上）坤
用卦（卦下）艮

下卦視匹配男命生年干所泊之宮。
陽男泊中宮：坤
陰男泊中宮：離

巽	離	坤
震	中	兌
艮	坎	乾

丙寅女 擇吉婚課一覽表

姜老師風水命理工作室

祿命宮：巳宮
男女宮：丑宮
真夫星：癸巳
真天嗣：戊戌
沖真夫星：乙亥
沖真天嗣：甲辰 大忌
夫星死墓絕：申未午
天嗣死墓絕：酉戌亥
殺夫：巳
滅子：未
箭刃：午子
自縊煞：未
勾絞：巳亥
夫妻宮：亥宮

嫁年	子	丑	寅	卯	辰	巳	午	未	申	酉	戌	亥
天狗白虎 祿命								天狗占宮		白虎占宮		
天狗白虎 男女				天狗占宮		白虎占宮						
夫星	臨官	冠帶	沐浴	長生	養	胎	絕	墓	死	病	衰	帝旺
天嗣	胎	養	長生	沐浴	冠帶	臨官	帝旺	衰	病	死	墓	絕

婚月	正	二	三	四	五	六	七	八	九	十	十一	十二
天德	丁	坤	壬	辛	乾	甲	癸	艮	丙	乙	巽	庚
月德	丙	甲	壬	庚	丙	甲	壬	庚	丙	甲	壬	庚

女命生年支凶神忌用

正三殺：丑
咸池：卯
驛馬：申
殺翁日：卯
殺姑日：酉
孤辰寡宿：巳丑
三刑：申
紅鸞女產：丑

天狗：子
六害：巳
破碎：酉
反目：巳亥
元神：巳
劫煞：亥
婚日忌：四廢、四窮、四忌、五墓、八專、往亡等日。

周書合卦

體卦 艮（卦上）
用卦 艮（卦下）

下卦視匹配男命生年干所泊之宮。
陽男泊中宮：坤
陰男泊中宮：離

巽	離	坤
震	中	兌
艮	坎	乾

丁卯女 擇吉婚課一覽表

姜老師風水命理工作室

祿命宮：午宮
男女宮：寅宮
真夫星：壬寅
真天嗣：己酉
沖真夫星：戊申
沖真天嗣：乙卯 大忌
夫星死墓絕：卯辰巳
天嗣死墓絕：寅丑子
殺夫：午
滅子：申
箭刃：未丑
自縊煞：申
勾絞：子午
夫妻宮：子宮

嫁年	子	丑	寅	卯	辰	巳	午	未	申	酉	戌	亥
祿命									天狗占宮		白虎占宮	
男女					天狗占宮		白虎占宮					
夫星	帝旺	衰	病	死	墓	絕	胎	養	長生	沐浴	冠帶	臨官
天嗣	絕	墓	死	病	衰	帝旺	臨官	冠帶	沐浴	長生	養	胎

婚月	正	二	三	四	五	六	七	八	九	十	十一	十二
天德	丁	坤	壬	辛	乾	甲	癸	艮	丙	乙	巽	庚
月德	丙	甲	壬	庚	丙	甲	壬	庚	丙	甲	壬	庚

女命生年支凶神忌用

正三殺：戌
天狗：丑
咸池：子
六害：辰
驛馬：巳
破碎：巳
殺翁日：辰
反目：子午
殺姑日：戌
元神：寅
孤辰寡宿：巳丑
劫煞：申
三刑：子
婚日忌：四廢、四窮、四忌、五墓、八專、往亡等日。
紅鸞女產：子

周書合卦

體卦（卦上）坤
用卦（卦下）震

下卦視匹配男命生年干所泊之宮。
陽男泊中宮：坤
陰男泊中宮：離

巽	離	坤
震	中	兌
艮	坎	乾

庚午女 擇吉婚課一覽表

姜老師風水命理工作室

祿命宮：申宮
男女宮：辰宮
真夫星：丁亥
真天嗣：壬午
沖真夫星：癸巳
沖真天嗣：戊子 大忌
夫星死墓絕：寅丑子
天嗣死墓絕：卯辰巳
殺夫：申
滅子：戌
箭刃：酉卯
自縊煞：丑
勾絞：酉卯
夫妻宮：寅宮

女命生年支凶神忌用

正三殺：丑
咸池：卯
驛馬：申
殺翁日：未
殺姑日：丑
孤辰寡宿：申辰
三刑：午
紅鸞女產：酉
天狗：辰
六害：丑
破碎：巳
反目：卯酉
元神：巳
劫煞：亥
婚日忌：四廢、四窮、四忌、五墓、八專、往亡等日。

嫁年天狗白虎

嫁年	子	丑	寅	卯	辰	巳	午	未	申	酉	戌	亥
祿命	白虎占宮										天狗占宮	
男女							天狗占宮		白虎占宮			
夫星	絕	墓	死	病	衰	帝旺	臨官	冠帶	沐浴	長生	養	胎
天嗣	帝旺	衰	病	死	墓	絕	胎	養	長生	沐浴	冠帶	臨官

婚月天月德

月	正	二	三	四	五	六	七	八	九	十	十一	十二
天德	丁	坤	壬	辛	乾	甲	癸	艮	丙	乙	巽	庚
月德	丙	甲	壬	庚	丙	甲	壬	庚	丙	甲	壬	庚

周書合卦

體卦（卦上）艮
用卦（卦下）離

下卦視男命生年干所泊之配宮。
陽男泊中宮：坤
陰男泊中宮：離

坤	離	巽
兌	中	震
乾	坎	艮

辛未女 擇吉婚課一覽表

姜老師風水命理工作室

祿命宮	酉宮
男女宮	巳宮
真夫星	丙申
真天嗣	癸巳
沖真夫星	壬寅
沖真天嗣	巳亥　大忌
夫星死墓絕	酉戌亥
天嗣死墓絕	申未午
殺夫	酉
滅子	亥
箭刃	戌辰
自縊煞	寅
勾絞	辰戌
夫妻宮	卯宮

女命生年支凶神忌用

正三殺	戌	天狗	巳
咸池	子	六害	子
驛馬	巳	破碎	丑
殺翁日	申	反目	辰戌
殺姑日	寅	元神	寅
孤辰寡宿	辰申	劫煞	申
三刑	戌	婚日忌	四廢、四窮、四忌、五墓、八專、往亡等日。
紅鸞女產	申		

嫁年天狗白虎

嫁年	子	丑	寅	卯	辰	巳	午	未	申	酉	戌	亥
祿命		白虎占宮										天狗占宮
男女								天狗占宮		白虎占宮		
夫星	胎	養	長生	沐浴	冠帶	臨官	帝旺	衰	病	死	墓	絕
天嗣	臨官	冠帶	沐浴	長生	養	胎	絕	墓	死	病	衰	帝旺

婚月天月德

月	正	二	三	四	五	六	七	八	九	十	十一	十二
天德	丁	坤	壬	辛	乾	甲	癸	艮	丙	乙	巽	庚
月德	丙	甲	壬	庚	丙	甲	壬	庚	丙	甲	壬	庚

周書合卦

體卦（卦上）坤

用卦（卦下）坤

下卦視四配男命生年干所泊之宮。陽男泊中宮：坤　陰男泊中宮：離

巽	離	坤
震	中	兑
艮	坎	乾

壬申女 擇吉婚課一覽表

姜老師風水命理工作室

祿命宮：亥宮
男女宮：未宮
真夫星：己酉
真天嗣：甲辰
沖真夫星：乙卯
沖真天嗣：庚戌 大忌
夫星死墓絕：寅丑子
天嗣死墓絕：申未午
殺夫：亥
滅子：丑
箭刃：子午
自縊煞：卯
勾絞：亥巳
夫妻宮：巳宮

女命生年支凶神忌用

正三殺：未
天狗：午
咸池：酉
六害：亥
驛馬：寅
破碎：酉
殺翁日：酉
反目：巳亥
殺姑日：卯
元神：亥
孤辰：亥 寡宿：未
劫煞：巳
三刑：巳
婚日忌：四廢、四窮、四忌、五墓、八專、往亡等日。
紅鸞、女產：未

嫁年天狗白虎

嫁年	子	丑	寅	卯	辰	巳	午	未	申	酉	戌	亥
祿命		天狗占宮		白虎占宮								
男女										天狗占宮		白虎占宮
夫星	絕	墓	死	病	衰	帝旺	臨官	冠帶	沐浴	長生	養	胎
天嗣	沐浴	冠帶	臨官	帝旺	衰	病	死	墓	絕	胎	養	長生

婚月天月德

月	正	二	三	四	五	六	七	八	九	十	十一	十二
天德	丁	坤	壬	辛	乾	甲	癸	艮	丙	乙	巽	庚
月德	丙	甲	壬	庚	丙	甲	壬	庚	丙	甲	壬	庚

周書合卦

體卦（卦上）艮
用卦（卦下）坤

下卦視匹配男命生年干所泊之宮。
陽男泊中宮：坤
陰男泊中宮：離

巽	離	坤
震	中	兌
艮	坎	乾

癸酉女　擇吉婚課一覽表

姜老師風水命理工作室

祿命宮：子宮
男女宮：申宮
真夫星：戊午
真天嗣：乙卯
沖真夫星：甲子
沖真天嗣：辛酉　大忌
夫星死墓絕：酉戌亥
天嗣死墓絕：亥戌酉
殺夫：子
滅子：寅
箭刃：丑未
自縊煞：子
勾絞：午子
夫妻宮：午宮

女命生年支凶神忌用

正三殺：辰
咸池：午
驛馬：亥
殺翁日：戌
殺姑日：辰
孤辰寡宿：未亥
三刑：酉
紅鸞女產：午

天狗：未
六害：戌
破碎：巳
反目：子午
元神：申
劫煞：寅
婚日忌：四廢、四窮、四忌、五墓、八專、往亡等日。

嫁年	天狗白虎（祿命）	天狗白虎（男女）	夫星	天嗣
子		白虎占宮	胎	病
丑			養	衰
寅	天狗占宮		長生	帝旺
卯			沐浴	臨官
辰	白虎占宮		冠帶	冠帶
巳			臨官	沐浴
午			帝旺	長生
未			衰	養
申			病	胎
酉			死	絕
戌		天狗占宮	墓	墓
亥			絕	死

婚月	天德	月德
正	丁	丙
二	坤	甲
三	壬	壬
四	辛	庚
五	乾	丙
六	甲	甲
七	癸	壬
八	艮	庚
九	丙	丙
十	乙	甲
十一	巽	壬
十二	庚	庚

周書合卦

體卦（卦上）坤
用卦（卦下）兌

下卦視四配男命生年干所泊之宮。
陽男泊中宮：坤
陰男泊中宮：離

坤	離	巽
兌	中	震
乾	坎	艮

戊辰女 擇吉婚課一覽表

姜老師風水命理工作室

祿命宮：巳宮
男女宮：丑宮
真夫星：乙卯
真天嗣：庚申
沖真夫星：辛酉
沖真天嗣：丙寅 大忌
夫星死墓絕：亥戌酉
天嗣死墓絕：子丑寅
殺夫：巳
滅子：未
箭刃：午子
自縊煞：亥
勾絞：未丑
夫妻宮：亥宮

嫁年天狗白虎

	祿命	男女	夫星	天嗣
子			病	死
丑			衰	墓
寅			帝旺	絕
卯		占天狗宮	臨官	胎
辰			冠帶	養
巳		占白虎宮	沐浴	長生
午			長生	沐浴
未	占天狗宮		養	冠帶
申			胎	臨官
酉	占白虎宮		絕	帝旺
戌			墓	衰
亥			死	病

婚月天月德

月	天德	月德
正	丁	丙
二	坤	甲
三	壬	壬
四	辛	庚
五	乾	丙
六	甲	甲
七	癸	壬
八	艮	庚
九	丙	丙
十	乙	甲
十一	巽	壬
十二	庚	庚

女命生年支凶神忌用

正三殺：未
咸池：酉
驛馬：寅
殺翁日：巳
殺姑日：亥
孤辰寡宿：巳丑
三刑：辰
紅鸞女產：亥
天狗：寅
六害：卯
破碎：丑
反目：丑未
元神：亥
劫煞：巳
婚日忌：四廢、四窮、四忌、五墓、八專、往亡等日。

周書合卦

體卦（卦上）艮
用卦（卦下）巽

下卦視匹配男命生年干所泊之宮。
陽男泊中宮：坤
陰男泊中宮：離

巽	離	坤
震	中	兌
艮	坎	乾

乙巳女 擇吉婚課一覽表

姜老師風水命理工作室

祿命宮	午宮
男女宮	寅宮
真夫星	甲戊
真天嗣	辛未
沖真夫星	庚辰
沖真天嗣	丁丑 大忌
夫星死墓絕	午未申
天嗣死墓絕	巳辰卯
殺夫	午
滅子	申
箭刃	未丑
自縊煞	戌
勾絞	寅申
夫妻宮	子宮

女命生年支凶神忌用

凶神	支	凶神	支
正三殺	辰	天狗	卯
咸池	午	六害	寅
驛馬	亥	破碎	酉
殺翁日	午	反目	寅申
殺姑日	子	元神	申
孤辰寡宿	申辰	劫煞	寅
三刑	寅	婚日忌	四廢、四窮、四忌、五墓、八專、往亡等日。
紅鸞女產	戌		

嫁年天狗白虎

嫁年	子	丑	寅	卯	辰	巳	午	未	申	酉	戌	亥
祿命									占天狗宮		占白虎宮	
男女					占天狗宮		占白虎宮					
夫星	沐浴	冠帶	臨官	帝旺	衰	病	死	墓	絕	胎	養	長生
天嗣	長生	養	胎	絕	墓	死	病	衰	帝旺	臨官	冠帶	沐浴

婚月天月德

月	正	二	三	四	五	六	七	八	九	十	十一	十二
天德	丁	坤	壬	辛	乾	甲	癸	艮	丙	乙	巽	庚
月德	丙	甲	壬	庚	丙	甲	壬	庚	丙	甲	壬	庚

周書合卦

體卦（卦上）坤
用卦（卦下）巽

下卦視男命生年干所泊之宮。
陽男泊中宮：坤
陰男泊中宮：離

巽	離	坤
震	中	兌
艮	坎	乾

甲戌女 擇吉婚課一覽表

姜老師風水命理工作室

- 祿命宮：寅宮
- 男女宮：戌宮
- 真夫星：辛未
- 真天嗣：丙寅
- 沖真夫星：丁丑
- 沖真天嗣：壬申 大忌
- 夫星死墓絕：巳辰卯
- 天嗣死墓絕：酉戌亥
- 殺夫：寅
- 滅子：辰
- 箭刃：卯酉
- 自縊煞：巳
- 勾絞：丑未
- 夫妻宮：申宮

女命生年支凶神忌用	
正三殺：丑	天狗：申
咸池：卯	六害：酉
驛馬：申	破碎：丑
殺翁日：亥	反目：丑未
殺姑日：巳	元神：巳
孤辰寡宿：亥未	劫煞：亥
三刑：丑	婚日忌：四廢、四窮、四忌、五墓、八專、往亡等日。
紅鸞女產：巳	

嫁年天狗白虎	子	丑	寅	卯	辰	巳	午	未	申	酉	戌	亥
祿命					天狗占宮		白虎占宮					
男女	天狗占宮		白虎占宮									
夫星	長生	養	胎	絕	墓	死	病	衰	帝旺	臨官	冠帶	沐浴
天嗣	胎	養	長生	沐浴	冠帶	臨官	帝旺	衰	病	死	墓	絕

婚月天月德	正	二	三	四	五	六	七	八	九	十	十一	十二
天德	丁	坤	壬	辛	乾	甲	癸	艮	丙	乙	巽	庚
月德	丙	甲	壬	庚	丙	甲	壬	庚	丙	甲	壬	庚

周書合卦

體卦（卦上）艮

用卦（卦下）乾

下卦視四配男命生年干所泊之宮。陽男泊中宮：坤 陰男泊中宮：離

巽	離	坤
震	中	兌
艮	坎	乾

乙亥女 擇吉婚課一覽表

姜老師風水命理工作室

- 祿命宮：卯宮
- 男女宮：亥宮
- 真夫星：庚辰
- 真天嗣：丁亥
- 沖真夫星：丙戌
- 沖真天嗣：癸巳 大忌
- 夫星死墓絕：子丑寅
- 天嗣死墓絕：寅丑子
- 殺夫：卯
- 滅子：巳
- 箭刃：辰戌
- 自縊煞：辰
- 勾絞：申寅
- 夫妻宮：酉宮

女命生年支凶神忌用

- 正三殺：戌
- 咸池：子
- 驛馬：巳
- 殺翁日：子
- 殺姑日：午
- 孤辰寡宿：寅戌
- 三刑：亥
- 紅鸞女產：辰
- 天狗：酉
- 六害：申
- 破碎：酉
- 反目：寅申
- 元神：寅
- 劫煞：申
- 婚日忌：四窮、四忌、五墓、四廢、八專、往亡等日。

嫁年天狗白虎

嫁年	子	丑	寅	卯	辰	巳	午	未	申	酉	戌	亥
祿命						天狗占宮		白虎占宮				
男女		天狗占宮		白虎占宮								
夫星	死	墓	絕	胎	養	長生	沐浴	冠帶	臨官	帝旺	衰	病
天嗣	絕	墓	死	病	衰	帝旺	臨官	冠帶	沐浴	長生	養	胎

婚月天月德

月	正	二	三	四	五	六	七	八	九	十	十一	十二
天德	丁	坤	壬	辛	乾	甲	癸	艮	丙	乙	巽	庚
月德	丙	甲	壬	庚	丙	甲	壬	庚	丙	甲	壬	庚

周書合卦

體卦（卦上）坤

用卦（卦下）乾

下卦視匹配男命生年干所泊之宮。陽男泊中宮：坤　陰男泊中宮：離

巽	離	坤
震	中	兌
艮	坎	乾

丙子女　擇吉婚課一覽表

姜老師風水命理工作室

祿命宮：巳宮
男女宮：丑宮
真夫星：癸巳
真天嗣：戊戌
沖真夫星：巳亥
沖真天嗣：甲辰　大忌
夫星死墓絕：申未午
天嗣死墓絕：酉戌亥
殺夫：巳
滅子：未
箭刃：午子
自縊煞：酉
勾絞：卯酉
夫妻宮：亥宮

嫁年天狗白虎

	子	丑	寅	卯	辰	巳	午	未	申	酉	戌	亥
祿命								天狗占宮		白虎占宮		
男女				天狗占宮		白虎占宮						
夫星	臨官	冠帶	沐浴	長生	養	胎	絕	墓	死	病	衰	帝旺
天嗣	胎	養	長生	沐浴	冠帶	臨官	帝旺	衰	病	死	墓	絕

婚月天月德

月	正	二	三	四	五	六	七	八	九	十	十一	十二
天德	丁	坤	壬	辛	乾	甲	癸	艮	丙	乙	巽	庚
月德	丙	甲	壬	庚	丙	甲	壬	庚	丙	甲	壬	庚

女命生年支凶神忌用

正三殺：未
咸池：酉
驛馬：寅
殺翁日：丑
殺姑日：未
孤辰：寅　寡宿：戌
三刑：卯
紅鸞、女產：卯

天狗：戌
六害：未
破碎：巳
反目：卯酉
元神：亥
劫煞：巳
婚日忌：四廢、四窮、四忌、五墓、八專、往亡等日。

周書合卦

體卦（卦上）艮
用卦（卦下）坎

下卦視匹配男命生年干所泊之宮。
陽男泊中宮：坤
陰男泊中宮：離

巽	離	坤
震	中	兌
艮	坎	乾

丁丑女　擇吉婚課一覽表

姜老師風水命理工作室

項目	內容
祿命宮	午宮
男女宮	寅宮
真夫星	壬寅
真天嗣	己酉
沖真夫星	戊申
沖真天嗣	乙卯　大忌
夫星死墓絕	卯辰巳
天嗣死墓絕	寅丑子
殺夫	午
滅子	申
箭刃	未丑
自縊煞	午
勾絞	戌辰
夫妻宮	子宮

女命生年支凶神忌用

正三殺	辰	天狗	亥
咸池	午	六害	午
驛馬	亥	破碎	丑
殺翁日	寅	反目	丑戌
殺姑日	申	元神	申
孤辰寡宿	寅戌	劫煞	寅
三刑	未	婚日忌	四廢、四窮、四忌、五墓、八專、往亡等日。
紅鸞女產	寅		

嫁年天狗白虎

嫁年	子	丑	寅	卯	辰	巳	午	未	申	酉	戌	亥
祿命									天狗占宮		白虎占宮	
男女					天狗占宮		白虎占宮					
夫星	帝旺	衰	病	死	墓	絕	胎	養	長生	沐浴	冠帶	臨官
天嗣	絕	墓	死	病	衰	帝旺	臨官	冠帶	沐浴	長生	養	胎

婚月天月德

月	正	二	三	四	五	六	七	八	九	十	十一	十二
天德	丁	坤	壬	辛	乾	甲	癸	艮	丙	乙	巽	庚
月德	丙	甲	壬	庚	丙	甲	壬	庚	丙	甲	壬	庚

周書合卦

體卦（卦上）坤
用卦（卦下）艮

下卦視匹配男命生年干所泊之宮。
陽男泊中宮：坤
陰男泊中宮：離

坤	兌	乾
離	中	坎
巽	震	艮

戊寅女 擇吉婚課一覽表

姜老師風水命理工作室

祿命宮：巳宮
男女宮：丑宮
真夫星：乙卯
真天嗣：庚申
沖真夫星：辛酉
沖真天嗣：丙寅 大忌
夫星死墓絕：亥戌酉
天嗣死墓絕：子丑寅
殺夫：巳
滅子：未
箭刃：午子
自縊煞：未
勾絞：巳亥
夫妻宮：亥宮

嫁年天狗白虎

	子	丑	寅	卯	辰	巳	午	未	申	酉	戌	亥
祿命								天狗占宮		白虎占宮		
男女				天狗占宮		白虎占宮						
夫星	病	衰	帝旺	臨官	冠帶	沐浴	長生	養	胎	絕	墓	死
天嗣	死	墓	絕	胎	養	長生	沐浴	冠帶	臨官	帝旺	衰	病

婚月天月德

月	正	二	三	四	五	六	七	八	九	十	十一	十二
天德	丁	坤	壬	辛	乾	甲	癸	艮	丙	乙	巽	庚
月德	丙	甲	壬	庚	丙	甲	壬	庚	丙	甲	壬	庚

女命生年支凶神忌用

正三殺：丑
咸池：卯
驛馬：申
殺翁日：卯
殺姑日：酉
孤辰寡宿：巳丑
三刑：申
紅鸞女產：丑

天狗：子
六害：巳
破碎：酉
反目：巳亥
元神：巳
劫煞：亥
婚日忌：四廢、四窮、四忌、五墓、八專、往亡等日。

周書合卦

體卦（卦上）艮
用卦（卦下）艮

下卦視年干所泊之宮。陽男泊中宮：坤 陰男泊中宮：離

坤	離	巽
兌	中	震
乾	坎	艮

乙卯女 擇吉婚課一覽表

姜老師風水命理工作室

祿命宮：午宮
男女宮：寅宮
真夫星：甲戌
真天嗣：辛未
沖真夫星：庚辰
沖真天嗣：丁丑 大忌
夫星死墓絕：午未申
天嗣死墓絕：巳辰卯
殺夫：午
滅子：申
箭刃：未丑
自縊煞：申
勾絞：子午
夫妻宮：子宮

女命生年支凶神忌用

正三殺：戌
咸池：子
驛馬：巳
殺翁日：辰
殺姑日：戌
孤辰寡宿：巳丑
三刑：子
紅鸞女產：子
天狗：丑
六害：辰
破碎：巳
反目：子午
元神：寅
劫煞：申
婚日忌：四廢、四窮、四忌、五墓、八專、往亡等日。

嫁年天狗白虎

嫁年	祿命	男女	夫星	天嗣
子			沐浴	長生
丑			冠帶	養
寅			臨官	胎
卯			帝旺	絕
辰		天狗占宮	衰	墓
巳			病	死
午		白虎占宮	死	病
未			墓	衰
申	天狗占宮		絕	帝旺
酉			胎	臨官
戌	白虎占宮		養	冠帶
亥			長生	沐浴

婚月天月德

月	天德	月德
正	丁	丙
二	坤	甲
三	壬	壬
四	辛	庚
五	乾	丙
六	甲	甲
七	癸	壬
八	艮	庚
九	丙	丙
十	乙	甲
十一	巽	壬
十二	庚	庚

周書合卦

體卦（卦上）坤
用卦（卦下）震

下卦視匹配男命生年干所泊之宮。
陽男泊中宮：坤
陰男泊中宮：離

巽	離	坤
震	中	兌
艮	坎	乾

庚辰女 擇吉婚課一覽表

姜老師風水命理工作室

祿命宮：申宮
男女宮：辰宮
真夫星：丁亥
真天嗣：壬午
沖真夫星：癸巳
沖真天嗣：戊子 大忌
夫星死墓絕：寅丑子
天嗣死墓絕：卯辰巳
殺夫：申
滅子：戌
箭刃：酉卯
自縊煞：亥
勾絞：未丑
夫妻宮：寅宮

女命生年支凶神忌用

正三殺：未
咸池：酉
驛馬：寅
殺翁日：巳
殺姑日：亥
孤辰寡宿：巳丑
三刑：辰
紅鸞女產：亥

天狗：寅
六害：卯
破碎：丑
反目：丑未
元神：亥
劫煞：巳
婚日忌：四忌、五墓、四廢、八專、四窮、往亡等日。

嫁年天狗白虎

嫁年	子	丑	寅	卯	辰	巳	午	未	申	酉	戌	亥
祿命	白虎占宮										天狗占宮	
男女							天狗占宮		天狗占宮			
夫星	絕	墓	死	病	衰	帝旺	臨官	冠帶	沐浴	長生	養	胎
天嗣	帝旺	衰	病	死	墓	絕	胎	養	長生	沐浴	冠帶	臨官

婚月天月德

月	正	二	三	四	五	六	七	八	九	十	十一	十二
天德	丁	坤	壬	辛	乾	甲	癸	艮	丙	乙	巽	庚
月德	丙	甲	壬	庚	丙	甲	壬	庚	丙	甲	壬	庚

周書合卦

體卦（卦上）艮
用卦（卦下）巽

下卦視四配男命生年干所泊之宮。
陽男泊中宮：坤
陰男泊中宮：離

巽	離	坤
震	中	兌
艮	坎	乾

辛巳女　擇吉婚課一覽表

姜老師風水命理工作室

項目	內容
祿命宮	酉宮
男女宮	巳宮
真夫星	丙申
真天嗣	癸巳
沖真夫星	壬亥
沖真天嗣	巳亥　大忌
夫星死墓絕	酉戌亥
天嗣死墓絕	申未午
殺夫	酉
滅子	亥
箭刃	戌辰
自縊煞	戌
勾絞	寅申
夫妻宮	卯宮

女命生年支凶神忌用

項目	內容
正三殺	辰
咸池	午
驛馬	亥
殺翁日	午
殺姑日	子
孤辰寡宿	申辰
三刑	寅
紅鸞女產	戌
天狗	卯
六害	寅
破碎	酉
反目	寅申
元神	申
劫煞	寅
婚忌日	四廢、四窮、四忌、五墓、八專、往亡等日。

嫁年天狗白虎

嫁年	子	丑	寅	卯	辰	巳	午	未	申	酉	戌	亥
祿命		白虎占宮										天狗占宮
男女								天狗占宮		白虎占宮		
夫星	胎	養	長生	沐浴	冠帶	臨官	帝旺	衰	病	死	墓	死
天嗣	臨官	冠帶	沐浴	長生	養	胎	絕	墓	死	病	衰	帝旺

婚月天月德

月	正	二	三	四	五	六	七	八	九	十	十一	十二
天德	丁	坤	壬	辛	乾	甲	癸	艮	丙	乙	巽	庚
月德	丙	甲	壬	庚	丙	甲	壬	庚	丙	甲	壬	庚

周書合卦

體卦（卦上）坤

用卦（卦下）巽

下卦視男命生年干所泊之宮。

陽男泊中宮：坤

陰男泊中宮：離

坤	兌	乾
離	中	坎
巽	震	艮

壬午女 擇吉婚課一覽表

姜老師風水命理工作室

項目	內容
祿命宮	亥宮
男女宮	未宮
真夫星	乙酉
真天嗣	甲辰
沖真夫星	乙卯
沖真天嗣	庚戌 大忌
夫星死墓絕	寅丑子
天嗣死墓絕	申未午
殺夫	亥
滅子	丑
箭刃	子午
自縊煞	丑
勾絞	酉卯
夫妻宮	巳宮

女命生年支凶神忌用

項目	內容
正三殺	丑
咸池	卯
驛馬	申
殺翁日	未
殺姑日	丑
孤辰寡宿	辰申
三刑	午
紅鸞女產	酉
天狗	辰
六害	丑
破碎	巳
反目	卯酉
元神	巳
劫煞	亥

婚日忌：四廢、四窮、四忌、五墓、八專、往亡等日。

嫁年天狗白虎

	子	丑	寅	卯	辰	巳	午	未	申	酉	戌	亥
祿命		天狗占宮		白虎占宮								
男女										天狗占宮		白虎占宮
夫星	絕	墓	死	病	衰	帝旺	臨官	冠帶	沐浴	長生	養	胎
天嗣	沐浴	冠帶	臨官	帝旺	衰	病	死	墓	絕	胎	養	長生

婚月天月德

月	正	二	三	四	五	六	七	八	九	十	十一	十二
天德	丁	坤	壬	辛	乾	甲	癸	艮	丙	乙	巽	庚
月德	丙	甲	壬	庚	丙	甲	壬	庚	丙	甲	壬	庚

周書合卦

體卦（卦上）艮
用卦（卦下）離

下卦視匹配男命生年干所泊之宮。
陽男泊中宮：坤
陰男泊中宮：離

巽	離	坤
震	中	兌
艮	坎	乾

癸未女 擇吉婚課一覽表

姜老師風水命理工作室

祿命宮：子宮
男女宮：申宮
真夫星：戊午
真天嗣：乙卯
沖真夫星：甲子
沖真天嗣：辛酉 大忌
夫星死墓絕：酉戌亥
天嗣死墓絕：亥戌酉
殺夫：子
滅子：寅
箭刃：丑未
自縊煞：丑
勾絞：辰戌
夫妻宮：午宮

女命生年支凶神忌用

正三殺：戌
咸池：子
驛馬：巳
殺翁日：申
殺姑日：寅
孤辰寡宿：申辰
三刑：戌
紅鸞女產：申

天狗：巳
六害：子
破碎：丑
反目：辰戌
元神：寅
劫煞：申
婚日忌：四廢、四窮、四忌、五墓、八專、往亡等日。

嫁年天狗白虎

	子	丑	寅	卯	辰	巳	午	未	申	酉	戌	亥
祿命			天狗占宮		白虎占宮							
男女	白虎占宮										天狗占宮	
夫星	胎	養	長生	沐浴	冠帶	臨官	帝旺	衰	病	死	墓	絕
天嗣	病	衰	帝旺	臨官	冠帶	沐浴	長生	養	胎	絕	墓	死

婚月天月德

月	正	二	三	四	五	六	七	八	九	十	十一	十二
天德	丁	坤	壬	辛	乾	甲	癸	艮	丙	乙	巽	庚
月德	丙	甲	壬	庚	丙	甲	壬	庚	丙	甲	壬	庚

周書合卦

體卦 坤（卦上）
用卦 坤（卦下）

下卦視四配男命生年干所泊之宮。
陽男泊中宮：坤
陰男泊中宮：離

巽	離	坤
震	中	兌
艮	坎	乾

甲申女 擇吉婚課一覽表

姜老師風水命理工作室

祿命宮：寅宮
男女宮：戌宮
真夫星：辛未
真天嗣：丙寅
沖真夫星：丁丑
沖真天嗣：壬申 大忌
夫星死墓絕：巳辰卯
天嗣死墓絕：酉戌亥
殺夫：寅
滅子：辰
箭刃：卯酉
自縊煞：卯
勾絞：亥巳
夫妻宮：申宮

嫁年	子	丑	寅	卯	辰	巳	午	未	申	酉	戌	亥
天狗白虎 祿命					天狗占宮		白虎占宮					
天狗白虎 男女	天狗占宮		白虎占宮									
夫星	長生	養	胎	絕	墓	死	病	衰	帝旺	臨官	冠帶	沐浴
天嗣	胎	養	長生	沐浴	冠帶	臨官	帝旺	衰	病	死	墓	絕

婚月	正	二	三	四	五	六	七	八	九	十	十一	十二
天德	丁	坤	壬	辛	乾	甲	癸	艮	丙	乙	巽	庚
月德	丙	甲	壬	庚	丙	甲	壬	庚	丙	甲	壬	庚

女命生年支凶神忌用

正三殺：未	天狗：午
咸池：酉	六害：亥
驛馬：寅	破碎：酉
殺翁日：酉	反目：巳亥
殺姑日：卯	元神：亥
孤辰寡宿：未亥	劫煞：巳
三刑：巳	婚日忌：四廢、四窮、四忌、五墓、八專、往亡等日。
紅鸞女產：未	

周書合卦

體卦（卦上）艮
用卦（卦下）坤

下卦視匹配男命生年干所泊之宮。
陽男泊中宮：坤
陰男泊中宮：離

巽	離	坤
震	中	兌
艮	坎	乾

乙酉女 擇吉婚課一覽表

姜老師風水命理工作室

祿命宮：卯宮
男女宮：亥宮
真夫星：庚辰
真天嗣：丁亥
沖真夫星：丙戌
沖真天嗣：癸巳 大忌
夫星死墓絕：子丑寅
天嗣死墓絕：寅丑子
殺夫：卯
滅子：巳
箭刃：辰戌
自縊煞：子
勾絞：午子
夫妻宮：酉宮

女命生年支凶神忌用

正三殺：辰
咸池：午
驛馬：亥
殺翁日：戌
殺姑日：辰
孤辰寡宿：亥未
三刑：酉
紅鸞女產：午
天狗：未
六害：戌
破碎：巳
反目：子午
元神：申
劫煞：寅
婚日忌：四廢、四窮、四忌、五墓、八專、往亡等日。

嫁年天狗白虎

嫁年	子	丑	寅	卯	辰	巳	午	未	申	酉	戌	亥
祿命						占天狗宮		占白虎宮				
男女		占天狗宮		占白虎宮								
夫星	死	墓	絕	胎	養	長生	沐浴	冠帶	臨官	帝旺	衰	病
天嗣	絕	墓	死	病	衰	帝旺	臨官	冠帶	沐浴	長生	養	胎

婚月天月德

月	正	二	三	四	五	六	七	八	九	十	十一	十二
天德	丁	坤	壬	辛	乾	甲	癸	艮	丙	乙	巽	庚
月德	丙	甲	壬	庚	丙	甲	壬	庚	丙	甲	壬	庚

周書合卦

體卦（卦上）坤
用卦（卦下）兌

下卦視匹配男命生年干所泊之宮。
陽男泊中宮：坤
陰男泊中宮：離

巽	離	坤
震	中	兌
艮	坎	乾

丙戌女 擇吉婚課一覽表

姜老師風水命理工作室

祿命宮：巳宮
男女宮：丑宮
真夫星：癸巳
真天嗣：戊戌
沖真夫星：乙亥
沖真天嗣：甲辰　大忌
夫星死墓絕：申未午
天嗣死墓絕：酉戌亥
殺夫：巳
滅子：未
箭刃：午子
自縊煞：巳
勾絞：丑未
夫妻宮：亥宮

嫁年天狗白虎	子	丑	寅	卯	辰	巳	午	未	申	酉	戌	亥
祿命								天狗占宮		白虎占宮		
男女				天狗占宮		白虎占宮						
夫星	臨官	冠帶	沐浴	長生	養	胎	絕	墓	死	病	衰	帝旺
天嗣	胎	養	長生	沐浴	冠帶	臨官	帝旺	衰	病	死	墓	絕

婚月天月德	正	二	三	四	五	六	七	八	九	十	十一	十二
天德	丁	坤	壬	辛	乾	甲	癸	艮	丙	乙	巽	庚
月德	丙	甲	壬	庚	丙	甲	壬	庚	丙	甲	壬	庚

女命生年支凶神忌用

正三殺：丑
咸池：卯
驛馬：申
殺翁日：亥
殺姑日：巳
孤辰寡宿：亥未
三刑：丑
紅鸞女產：巳

天狗：申
六害：酉
破碎：丑
反目：丑未
元神：巳
劫煞：亥
婚日忌：四廢、四窮、四忌、五墓、八專、往亡等日。

周書合卦

體卦（卦上）艮
用卦（卦下）乾

下卦視匹配男命生年干所泊之宮。
陽男泊中宮：坤
陰男泊中宮：離

巽	離	坤
震	中	兌
艮	坎	乾

丁亥女 擇吉婚課一覽表

姜老師風水命理工作室

女命生年

項目	內容
祿命宮	午宮
男女宮	寅宮
真夫星	壬寅
真天嗣	己酉
沖真夫星	戊申
沖真天嗣	乙卯　大忌
夫星死墓絕	卯辰巳
天嗣死墓絕	寅丑子
殺夫	午
滅子	申
箭刃	未丑
自縊煞	辰
勾絞	申寅
夫妻宮	子宮
正三殺	戌
咸池	子
驛馬	巳
殺翁日	子
殺姑日	午
孤辰寡宿	寅戌
三刑	亥
紅鸞女產	辰

支凶神忌用

項目	內容
天狗	酉
六害	申
破碎	酉
反目	寅申
元神	寅
劫煞	申
婚日忌	四廢、四窮、四忌、五墓、八專、往亡等日。

嫁年天狗白虎

	子	丑	寅	卯	辰	巳	午	未	申	酉	戌	亥
祿命									天狗占宮		白虎占宮	
男女					天狗占宮		白虎占宮					
夫星	帝旺	衰	病	死	墓	絕	胎	養	長生	沐浴	冠帶	臨官
天嗣	絕	墓	死	病	衰	帝旺	臨官	冠帶	沐浴	長生	養	胎

婚月天月德

月	正	二	三	四	五	六	七	八	九	十	十一	十二
天德	丁	坤	壬	辛	乾	甲	癸	艮	丙	乙	巽	庚
月德	丙	甲	壬	庚	丙	甲	壬	庚	丙	甲	壬	庚

周書合卦

體卦（卦上）坤

用卦（卦下）乾

下卦視匹配男命生年干所泊之宮。

陽男泊中宮：坤

陰男泊中宮：離

巽	離	坤
震	中	兌
艮	坎	乾

戊子女 擇吉婚課一覽表

姜老師風水命理工作室

項目	內容
祿命宮	巳宮
男女宮	丑宮
真夫星	乙卯
真天嗣	庚申
沖真夫星	辛酉
沖真天嗣	丙寅 大忌
夫星死墓絕	亥戌酉
天嗣死墓絕	子丑寅
殺夫	巳
滅子	未
箭刃	午子
自縊煞	酉
勾絞	卯酉
夫妻宮	亥宮

女命生年

項目	內容
正三殺	未
咸池	酉
驛馬	寅
殺翁日	丑
殺姑日	未
孤辰寡宿	寅戌
三刑	卯
紅鸞女產	卯

嫁年 天狗 白虎

嫁年	子	丑	寅	卯	辰	巳	午	未	申	酉	戌	亥
祿命								天狗占宮		白虎占宮		
男女				天狗占宮		白虎占宮						
夫星	病	衰	帝旺	臨官	冠帶	沐浴	長生	養	胎	絕	墓	死
天嗣	死	墓	絕	胎	養	長生	沐浴	冠帶	臨官	帝旺	衰	病

婚月 天月德

月	正	二	三	四	五	六	七	八	九	十	十一	十二
天德	丁	坤	壬	辛	乾	甲	癸	艮	丙	乙	巽	庚
月德	丙	甲	壬	庚	丙	甲	壬	庚	丙	甲	壬	庚

女命生年支凶神忌用

項目	內容
天狗	戌
六害	未
破碎	巳
反目	卯酉
元神	亥
劫煞	巳
婚忌日	四廢、四窮、四忌、五墓、八專、往亡等日。

周書合卦

體卦（卦上）艮

用卦（卦下）坎

下卦視四配男命生年干所泊之宮。

陽男泊中宮：坤

陰男泊中宮：離

坤	兌	乾
離	中	坎
巽	震	艮

己丑女　擇吉婚課一覽表

姜老師風水命理工作室

項目	內容
祿命宮	午宮
男女宮	寅宮
真夫星	甲戌
真天嗣	辛未
沖真夫星	庚辰
沖真天嗣	丁丑　大忌
夫星死墓絕	午未申
天嗣死墓絕	巳辰卯
殺夫	午
滅子	申
箭刃	未丑
自縊煞	午
勾絞	戌辰
夫妻宮	子宮

女命生年支凶神忌用

凶神	支	凶神	支
正三殺	辰	天狗	亥
咸池	午	六害	午
驛馬	亥	破碎	丑
殺翁日	寅	反目	辰戌
殺姑日	申	元神	申
孤辰寡宿	寅戌	劫煞	寅
三刑	未	婚日忌	四廢、四窮、四忌、五墓、八專、往亡等日。
紅鸞女產	寅		

嫁年天狗白虎

	子	丑	寅	卯	辰	巳	午	未	申	酉	戌	亥
祿命									占天狗宮		占白虎宮	
男女					占天狗宮		占白虎宮					
夫星	沐浴	冠帶	臨官	帝旺	衰	病	死	墓	絕	胎	養	長生
天嗣	長生	養	胎	絕	墓	死	病	衰	帝旺	臨官	冠帶	沐浴

婚月天月德

月	正	二	三	四	五	六	七	八	九	十	十一	十二
天德	丁	坤	壬	辛	乾	甲	癸	艮	丙	乙	巽	庚
月德	丙	甲	壬	庚	丙	甲	壬	庚	丙	甲	壬	庚

周書合卦

體卦（卦上）坤

用卦（卦下）艮

下卦視匹配男命生年干所泊之宮。

陽男泊中宮：坤

陰男泊中宮：離

巽	離	坤
震	中	兌
艮	坎	乾

庚寅女 擇吉婚課一覽表

姜老師風水命理工作室

項目	內容
祿命宮	申宮
男女宮	辰宮
真夫星	丁亥
真天嗣	壬午
沖真夫星	癸巳
沖真天嗣	戊子　大忌
夫星死墓絕	寅丑子
天嗣死墓絕	卯辰巳
殺夫	申
滅子	戌
箭刃	酉卯
自縊煞	未
勾絞	巳亥
夫妻宮	寅宮

女命生年支凶神忌用

項目	內容
正三殺	丑
咸池	卯
驛馬	申
殺翁日	卯
殺姑日	酉
孤辰寡宿	酉巳
三刑	申
紅鸞女產	丑
天狗	子
六害	巳
破碎	酉
反目	巳亥
元神	巳
劫煞	亥

婚日忌：四廢、四忌、五墓、八專、四窮、往亡等日。

嫁年天狗白虎

	子	丑	寅	卯	辰	巳	午	未	申	酉	戌	亥
祿命	白虎占宮										天狗占宮	
男女							天狗占宮		白虎占宮			
夫星	絕	墓	死	病	衰	帝旺	臨官	冠帶	沐浴	長生	養	胎
天嗣	帝旺	衰	病	死	墓	絕	胎	養	長生	沐浴	冠帶	臨官

婚月天月德

月	正	二	三	四	五	六	七	八	九	十	十一	十二
天德	丁	坤	壬	辛	乾	甲	癸	艮	丙	乙	巽	庚
月德	丙	甲	壬	庚	丙	甲	壬	庚	丙	甲	壬	庚

周書合卦

體卦（卦上）艮
用卦（卦下）艮

下卦視四配男命生年干所泊之宮。
陽男泊中宮：坤
陰男泊中宮：離

巽	離	坤
震	中	兌
艮	坎	乾

辛卯女 擇吉婚課一覽表

姜老師風水命理工作室

- 祿命宮：酉宮
- 男女宮：巳宮
- 真夫星：丙申
- 真天嗣：癸巳
- 沖真夫星：壬寅
- 沖真天嗣：乙亥 大忌
- 夫星死墓絕：酉戌亥
- 天嗣死墓絕：申未午
- 殺夫：酉
- 滅子：亥
- 箭刃：戌辰
- 自縊煞：申
- 勾絞：子午
- 夫妻宮：卯宮

嫁年 天狗 白虎

嫁年	子	丑	寅	卯	辰	巳	午	未	申	酉	戌	亥
祿命		白虎占宮										天狗占宮
男女								天狗占宮		白虎占宮		
夫星	胎	養	長生	沐浴	冠帶	臨官	帝旺	衰	病	死	墓	絕
天嗣	臨官	冠帶	沐浴	長生	養	胎	絕	墓	死	病	衰	帝旺

婚月 天月德

月	正	二	三	四	五	六	七	八	九	十	十一	十二
天德	丁	坤	壬	辛	乾	甲	癸	艮	丙	乙	巽	庚
月德	丙	甲	壬	庚	丙	甲	壬	庚	丙	甲	壬	庚

女命生年支凶神忌用

- 正三殺：戌
- 咸池：子
- 驛馬：巳
- 殺翁日：辰
- 殺姑日：戌
- 孤辰寡宿：丑巳
- 三刑：子
- 紅鸞女產：子
- 天狗：丑
- 六害：辰
- 破碎：巳
- 反目：子午
- 元神：寅
- 劫煞：申
- 婚日忌：四廢、四窮、四忌、五墓、八專、往亡等日。

周書合卦

體卦（卦上）坤

用卦（卦下）震

下卦視匹配男命生年干所泊之宮。

陽男泊中宮：坤

陰男泊中宮：離

坤	離	巽
兌	中	震
乾	坎	艮

壬辰女 擇吉婚課一覽表

姜老師風水命理工作室

祿命宮：亥宮
男女宮：未宮
真夫星：己酉
真天嗣：甲辰
沖真夫星：乙卯
沖真天嗣：庚戌 大忌
夫星死墓絕：寅丑子
天嗣死墓絕：申未午
殺夫：亥
滅子：丑
箭刃：子午
自縊煞：亥
勾絞：未丑
夫妻宮：巳宮

女命生年支凶神忌用

正三殺：未
咸池：酉
驛馬：寅
殺翁日：巳
殺姑日：亥
孤辰寡宿：巳丑
三刑：辰
紅鸞女產：亥

天狗：寅
六害：卯
破碎：丑
反目：丑未
元神：亥
劫煞：巳
婚日忌：四廢、四窮、四忌、五墓、八專、往亡等日。

嫁年天狗白虎

嫁年	子	丑	寅	卯	辰	巳	午	未	申	酉	戌	亥
祿命		天狗占宮		白虎占宮								
男女										天狗占宮		白虎占宮
夫星	絕	墓	死	病	衰	帝旺	臨官	冠帶	沐浴	長生	養	胎
天嗣	沐浴	冠帶	臨官	帝旺	衰	病	死	墓	絕	胎	養	長生

婚月天月德

月	正	二	三	四	五	六	七	八	九	十	十一	十二
天德	丁	坤	壬	辛	乾	甲	癸	艮	丙	乙	巽	庚
月德	丙	甲	壬	庚	丙	甲	壬	庚	丙	甲	壬	庚

周書合卦

體卦（卦上）艮
用卦（卦下）巽

下卦視匹配男命生年干所泊之宮。
陽男泊中宮：坤
陰男泊中宮：離

巽	離	坤
震	中	兌
艮	坎	乾

癸巳女 擇吉婚課一覽表

姜老師風水命理工作室

項目	內容
祿命宮	子宮
男女宮	申宮
真夫星	戊午
真天嗣	乙卯
沖真夫星	甲子
沖真天嗣	辛酉　大忌
夫星死墓絕	酉戌亥
天嗣死墓絕	亥戌酉
殺夫	子
滅子	寅
箭刃	丑未
自縊煞	戌
勾絞	寅申
夫妻宮	午宮

女命生年支凶神忌用

正三殺：辰	天狗：卯
咸池：午	六害：寅
驛馬：亥	破碎：酉
殺翁日：午	反目：寅申
殺姑日：子	元神：申
孤辰寡宿：申辰	劫煞：寅
三刑：寅	婚日忌：四廢、四窮、四忌、五墓、八專、往亡等日。
紅鸞女產：戌	

嫁年天狗白虎

嫁年	祿命	男女	夫星	天嗣
子		白虎占宮	胎	病
丑			養	衰
寅	天狗占宮		長生	帝旺
卯			沐浴	臨官
辰	白虎占宮		冠帶	冠帶
巳			臨官	沐浴
午			帝旺	長生
未			衰	養
申			病	胎
酉			死	絕
戌		天狗占宮	墓	墓
亥			絕	死

婚月天月德

月	天德	月德
正	丁	丙
二	坤	甲
三	壬	壬
四	辛	庚
五	乾	丙
六	甲	甲
七	癸	壬
八	艮	庚
九	丙	丙
十	乙	甲
十一	巽	壬
十二	庚	庚

周書合卦

體卦（卦上）坤
用卦（卦下）巽

下卦視匹配男命生年干所泊之宮。
陽男泊中宮：坤
陰男泊中宮：離

巽	離	坤
震	中	兌
艮	坎	乾

甲午女 擇吉婚課一覽表

姜老師風水命理工作室

祿命宮：寅宮
男女宮：戌宮
真夫星：辛未
真天嗣：丙寅
沖真夫星：丁丑
沖真天嗣：壬申　大忌
夫星死墓絕：巳辰卯
天嗣死墓絕：酉戌亥
殺夫：寅
滅子：辰
箭刃：卯酉
自縊煞：丑
勾絞：酉卯
夫妻宮：申宮

嫁年	祿命	男女	夫星	天嗣
子		天狗占宮	長生	胎
丑			養	養
寅		白虎占宮	胎	長生
卯			絕	沐浴
辰	天狗占宮		墓	冠帶
巳			死	臨官
午	白虎占宮		病	帝旺
未			衰	衰
申			帝旺	病
酉			臨官	死
戌			冠帶	墓
亥			沐浴	絕

婚月	天德	月德
正	丁	丙
二	坤	甲
三	壬	壬
四	辛	庚
五	乾	丙
六	甲	甲
七	癸	壬
八	艮	庚
九	丙	丙
十	乙	甲
十一	巽	壬
十二	庚	庚

女命生年支凶神忌用

正三殺：丑
咸池：卯
驛馬：申
殺翁日：未
殺姑日：丑
孤辰：申
寡宿：辰
三刑：午
紅鸞：酉
女產：

天狗：辰
六害：丑
破碎：巳
反目：卯酉
元神：巳
劫煞：亥
婚日忌：四廢、四窮、四忌、五墓、八專、往亡等日。

周書合卦

體卦（上卦）艮
用卦（下卦）離

下卦視匹配男命生年干所泊之宮。
陽男泊中宮：坤
陰男泊中宮：離

坤	兌	乾
離	中	坎
巽	震	艮

乙未女 擇吉婚課一覽表

姜老師風水命理工作室

項目	內容
祿命宮	卯宮
男女宮	亥宮
真夫星	庚辰
真天嗣	丁亥
沖真夫星	丙戌
沖真天嗣	癸巳 大忌
夫星死墓絕	子丑寅
天嗣死墓絕	寅丑子
殺夫	卯
滅子	巳
箭刃	辰戌
自縊煞	寅
勾絞	辰戌
夫妻宮	酉宮

嫁年天狗白虎

	子	丑	寅	卯	辰	巳	午	未	申	酉	戌	亥
祿命						天狗占宮		白虎占宮				
男女		天狗占宮		白虎占宮								
夫星	死	墓	絕	胎	養	長生	沐浴	冠帶	臨官	帝旺	衰	病
天嗣	絕	墓	死	病	衰	帝旺	臨官	冠帶	沐浴	長生	養	胎

婚月天月德

月	正	二	三	四	五	六	七	八	九	十	十一	十二
天德	丁	坤	壬	辛	乾	甲	癸	艮	丙	乙	巽	庚
月德	丙	甲	壬	庚	丙	甲	壬	庚	丙	甲	壬	庚

女命生年支凶神忌用

正三殺：戌	天狗：巳
咸池：子	六害：子
驛馬：巳	破碎：丑
殺翁日：申	反目：辰戌
殺姑日：寅	元神：寅
孤辰寡宿：申辰	劫煞：申
三刑：戌	婚日忌：四廢、四窮、四忌、五墓、八專、往亡等日。
紅鸞女產：申	

周書合卦

體卦 坤（卦上）
用卦 坤（卦下）

下卦視匹配男命生年干所泊之宮。
陽男泊中宮：坤
陰男泊中宮：離

巽	離	坤
震	中	兌
艮	坎	乾

丙申女 擇吉婚課一覽表

姜老師風水命理工作室

項目	內容
祿命宮	巳宮
男女宮	丑宮
真夫星	癸巳
真天嗣	戊戌
沖真夫星	巳亥
沖真天嗣	甲辰 大忌
夫星死墓絕	申未午
天嗣死墓絕	酉戌亥
殺夫	巳
滅子	未
箭刃	午子
自縊煞	卯
勾絞	亥巳
夫妻宮	亥宮

嫁年	子	丑	寅	卯	辰	巳	午	未	申	酉	戌	亥
天狗白虎 祿命								占天狗宮		占白虎宮		
天狗白虎 男女				占天狗宮		占白虎宮						
夫星	臨官	冠帶	沐浴	長生	養	胎	絕	墓	死	病	衰	帝旺
天嗣	胎	養	長生	沐浴	冠帶	臨官	帝旺	衰	病	死	墓	絕

婚月	正	二	三	四	五	六	七	八	九	十	十一	十二
天德	丁	坤	壬	辛	乾	甲	癸	艮	丙	乙	巽	庚
月德	丙	甲	壬	庚	丙	甲	壬	庚	丙	甲	壬	庚

女命生年支凶神忌用

凶神	忌用
正三殺	未
咸池	酉
驛馬	寅
殺翁日	酉
殺姑日	卯
孤辰寡宿	亥未
三刑	巳
紅鸞女產	未
天狗	午
六害	亥
破碎	酉
反目	巳亥
元神	亥
劫煞	巳

婚日忌：四廢、四窮、四忌、五墓、八專、往亡等日。

周書合卦

體卦（卦上）艮
用卦（卦下）坤

下卦視匹配男命生年干所泊之宮。陽男泊中宮：坤 陰男泊中宮：離

巽	離	坤
震	中	兌
艮	坎	乾

丁酉女 擇吉婚課一覽表

姜老師風水命理工作室

- 祿命宮：午宮
- 男女宮：寅宮
- 真夫星：壬寅
- 真天嗣：巳酉
- 沖真夫星：戊申
- 沖真天嗣：乙卯　大忌
- 夫星死墓絕：卯辰巳
- 天嗣死墓絕：寅丑子
- 殺夫：午
- 滅子：申
- 箭刃：未丑
- 自縊煞：子
- 勾絞：午子
- 夫妻宮：子宮

女命生年支凶神忌用

正三殺：辰	咸池：午	驛馬：亥	殺翁日：戌	殺姑日：辰	孤辰寡宿：未亥	三刑：酉	紅鸞女產：午
天狗：未	六害：戌	破碎：巳	反目：子午	元神：申	劫煞：寅	婚日忌：四廢、四窮、四忌、五墓、八專、往亡等日。	

嫁年天狗白虎

嫁年	子	丑	寅	卯	辰	巳	午	未	申	酉	戌	亥
祿命									天狗占宮		白虎占宮	
男女					天狗占宮		白虎占宮					
夫星	帝旺	衰	病	死	墓	絕	胎	養	長生	沐浴	冠帶	臨官
天嗣	絕	墓	死	病	衰	帝旺	臨官	冠帶	沐浴	長生	養	胎

婚月天月德

月	正	二	三	四	五	六	七	八	九	十	十一	十二
天德	丁	坤	壬	辛	乾	甲	癸	艮	丙	乙	巽	庚
月德	丙	甲	壬	庚	丙	甲	壬	庚	丙	甲	壬	庚

周書合卦

體卦（卦上）坤
用卦（卦下）兌

下卦視四配男命生年干所泊之宮。
陽男泊中宮：坤
陰男泊中宮：離

坤	兌	乾
離	中	坎
巽	震	艮

戊戌女 擇吉婚課一覽表

姜老師風水命理工作室

祿命宮：巳宮
男女宮：丑宮
真夫星：乙卯
真天嗣：庚申
沖真夫星：辛酉
沖真天嗣：丙寅 大忌
夫星死墓絕：亥戌酉
天嗣死墓絕：子丑寅
殺夫：巳
滅子：未
箭刃：午子
自縊煞：巳
勾絞：丑未
夫妻宮：亥宮

女命生年
正三殺：丑
咸池：卯
驛馬：申
殺翁日：亥
殺姑日：巳
孤辰：亥、寡宿：未
三刑：丑
紅鸞女產：巳

嫁年 天狗 白虎

嫁年	子	丑	寅	卯	辰	巳	午	未	申	酉	戌	亥
祿命								天狗占宮		白虎占宮		
男女				天狗占宮		白虎占宮						
夫星	病	衰	帝旺	臨官	冠帶	沐浴	長生	養	胎	絕	墓	死
天嗣	死	墓	絕	胎	養	長生	沐浴	冠帶	臨官	帝旺	衰	病

女命生年支凶神忌用

天狗：申
六害：酉
破碎：丑
反目：丑未
元神：巳
劫煞：亥
婚日忌：四廢、四窮、四忌、五墓、八專、往亡等日。

婚月 天月德

月	正	二	三	四	五	六	七	八	九	十	十一	十二
天德	丁	坤	壬	辛	乾	甲	癸	艮	丙	乙	巽	庚
月德	丙	甲	壬	庚	丙	甲	壬	庚	丙	甲	壬	庚

周書合卦

體卦（卦上）艮
用卦（卦下）乾

下卦視四配男命生年干所泊之宮。
陽男泊中宮：坤
陰男泊中宮：離

坤	兌	乾
離	中	坎
巽	震	艮

乙亥女 擇吉婚課一覽表

姜老師風水命理工作室

祿命宮：午宮
男女宮：寅宮
真夫星：甲戌
真天嗣：辛未
沖真夫星：庚辰
沖真天嗣：丁丑 大忌
夫星死墓絕：午未申
天嗣死墓絕：巳辰卯
殺夫：午
滅子：申
箭刃：未丑
自縊煞：辰
勾絞：申寅
夫妻宮：子宮

嫁年	子	丑	寅	卯	辰	巳	午	未	申	酉	戌	亥
天狗白虎 祿命									天狗占宮		白虎占宮	
男女					天狗占宮		白虎占宮					
夫星	沐浴	冠帶	臨官	帝旺	衰	病	死	墓	絕	胎	養	長生
天嗣	長生	養	胎	絕	墓	死	病	衰	帝旺	臨官	冠帶	沐浴

婚月	正	二	三	四	五	六	七	八	九	十	十一	十二
天德	丁	坤	壬	辛	乾	甲	癸	艮	丙	乙	巽	庚
月德	丙	甲	壬	庚	丙	甲	壬	庚	丙	甲	壬	庚

女命生年支凶神忌用

正三殺：戌
咸池：子
驛馬：巳
殺翁日：子
殺姑日：午
孤辰寡宿：寅戌
三刑：亥
紅鸞女產：辰

天狗：酉
六害：申
破碎：酉
反目：寅申
元神：寅
劫煞：申
婚日忌：四廢、四窮、四忌、五墓、八專、往亡等日。

周書合卦

體卦（卦上）乾 坤
用卦（卦下）

下卦視四配男命生年干所泊之宮。
陽男泊中宮：坤
陰男泊中宮：離

坤	離	巽
兌	中	震
乾	坎	艮

庚子女 擇吉婚課一覽表

姜老師風水命理工作室

項目	內容
祿命宮	申宮
男女宮	辰宮
真夫星	丁亥
真天嗣	壬午
沖真夫星	癸巳
沖真天嗣	戊子 大忌
夫星死墓絕	寅丑子
天嗣死墓絕	卯辰巳
殺夫	申
滅子	戌
箭刃	酉卯
自縊煞	酉
勾絞	卯酉
夫妻宮	寅宮

女命生年支凶神忌用

凶神	支	凶神	支
正三殺	未	天狗	戌
咸池	酉	六害	未
驛馬	寅	破碎	巳
殺翁日	丑	反目	卯酉
殺姑日	未	元神	亥
孤辰寡宿	寅戌	劫煞	巳
三刑	卯	婚日忌	四廢、四窮、四忌、五墓、八專、往亡等日。
紅鸞女產	卯		

嫁年天狗白虎

	子	丑	寅	卯	辰	巳	午	未	申	酉	戌	亥
祿命	白虎占宮										天狗占宮	
男女							天狗占宮		白虎占宮			
夫星	絕	墓	死	病	衰	帝旺	臨官	冠帶	沐浴	長生	養	胎
天嗣	帝旺	衰	病	死	墓	絕	胎	養	長生	沐浴	冠帶	臨官

婚月天月德

月	正	二	三	四	五	六	七	八	九	十	十一	十二
天德	丁	坤	壬	辛	乾	甲	癸	艮	丙	乙	巽	庚
月德	丙	甲	壬	庚	丙	甲	壬	庚	丙	甲	壬	庚

周書合卦

體卦（卦上）艮

用卦（卦下）坎

下卦視四配男命生年干所泊之宮。
陽男泊中宮：坤
陰男泊中宮：離

巽	離	坤
震	中	兌
艮	坎	乾

辛丑女　擇吉婚課一覽表

姜老師風水命理工作室

女命生年	
祿命宮：酉宮	
男女宮：巳宮	
真夫星：丙申	
真天嗣：癸巳	
沖真夫星：壬寅	
沖真天嗣：乙亥　大忌	
夫星死墓絕：酉戌亥	
天嗣死墓絕：申未午	
殺夫：酉	
滅子：亥	
箭刃：戌辰	
自縊煞：午	
勾絞：戌辰	
夫妻宮：卯宮	
正三殺：辰	天狗：亥
咸池：午	六害：午
驛馬：亥	破碎：丑
殺翁日：寅	反目：辰戌
殺姑日：申	元神：申
孤辰：寅　寡宿：戌	劫煞：寅
三刑：未	婚日忌：四廢、四窮、四忌、五墓、八專、往亡等日。
紅鸞：寅　女產：寅	

女命生年支凶神忌用

嫁年	子	丑	寅	卯	辰	巳	午	未	申	酉	戌	亥
天狗白虎 祿命		白虎占宮										天狗占宮
天狗白虎 男女								天狗占宮		白虎占宮		
夫星	胎	養	長生	沐浴	冠帶	臨官	帝旺	衰	病	死	墓	絕
天嗣	臨官	冠帶	沐浴	長生	養	胎	絕	墓	死	病	衰	帝旺

婚月	正	二	三	四	五	六	七	八	九	十	十一	十二
天德	丁	坤	壬	辛	乾	甲	癸	艮	丙	乙	巽	庚
月德	丙	甲	壬	庚	丙	甲	壬	庚	丙	甲	壬	庚

周書合卦

體卦（卦上）坤
用卦（卦下）艮

下卦視匹配男命生年干所泊之宮。
陽男泊中宮：坤
陰男泊中宮：離

坤	兌	乾
離	中	坎
巽	震	艮

壬寅女　擇吉婚課一覽表

姜老師風水命理工作室

祿命宮：亥宮
男女宮：未宮
真夫星：己酉
真天嗣：甲辰
沖真夫星：乙卯
沖真天嗣：庚戌　大忌
夫星死墓絕：寅丑子
天嗣死墓絕：申未午
殺夫：亥
滅子：丑
箭刃：子午
自縊煞：未
勾絞：巳亥
夫妻宮：巳宮

嫁年天狗白虎	子	丑	寅	卯	辰	巳	午	未	申	酉	戌	亥
祿命		占天狗宮		占白虎宮								
男女										占天狗宮		占白虎宮
夫星	絕	墓	死	病	衰	帝旺	臨官	冠帶	沐浴	長生	養	胎
天嗣	沐浴	冠帶	臨官	帝旺	衰	病	死	墓	絕	胎	養	長生

婚月天月德	正	二	三	四	五	六	七	八	九	十	十一	十二
天德	丁	坤	壬	辛	乾	甲	癸	艮	丙	乙	巽	庚
月德	丙	甲	壬	庚	丙	甲	壬	庚	丙	甲	壬	庚

女命生年支凶神忌用

正三殺：丑
咸池：卯
驛馬：申
殺翁日：卯
殺姑日：酉
孤辰寡宿：巳丑
三刑：申
紅鸞女產：丑
天狗：子
六害：巳
破碎：酉
反目：巳亥
元神：巳
劫煞：亥
婚日忌：四廢、四窮、四忌、五墓、八專、往亡等日。

周書合卦

體卦（卦上）艮
用卦（卦下）艮

下卦視匹配男命生年干所泊之宮。陽男泊中宮：坤
陰男泊中宮：離

巽	離	坤
震	中	兌
艮	坎	乾

癸卯女 擇吉婚課一覽表

姜老師風水命理工作室

祿命宮：子宮
男女宮：申宮
真夫星：戊辰
真天嗣：乙卯
沖真夫星：甲子
沖真天嗣：辛酉 大忌
夫星死墓絕：酉戌亥
天嗣死墓絕：亥戌酉
殺夫：子
滅子：寅
箭刃：丑未
自縊煞：申
勾絞：子午
夫妻宮：午宮

女命生年支凶神忌用

正三殺：戌
咸池：子
驛馬：巳
殺翁日：辰
殺姑日：戌
孤辰寡宿：巳丑
三刑：子
紅鸞女產：子

天狗：丑
六害：辰
破碎：巳
反目：子午
元神：寅
劫煞：申
婚日忌：四廢、四窮、四忌、五墓、八專、往亡等日。

嫁年天狗白虎

嫁年	子	丑	寅	卯	辰	巳	午	未	申	酉	戌	亥
祿命			天狗占宮		白虎占宮							
男女	白虎占宮										天狗占宮	
夫星	胎	養	長生	沐浴	冠帶	臨官	帝旺	衰	病	死	墓	絕
天嗣	病	衰	帝旺	臨官	冠帶	沐浴	長生	養	胎	絕	墓	死

婚月天月德

月	正	二	三	四	五	六	七	八	九	十	十一	十二
天德	丁	坤	壬	辛	乾	甲	癸	艮	丙	乙	巽	庚
月德	丙	甲	壬	庚	丙	甲	壬	庚	丙	甲	壬	庚

周書合卦

體卦（卦上）坤
用卦（卦下）震

下卦視四配男命生年干所泊之宮。
陽男泊中宮：坤
陰男泊中宮：離

巽	離	坤
震	中	兌
艮	坎	乾

甲辰女 擇吉婚課一覽表

姜老師風水命理工作室

祿命宮：寅宮
男女宮：戌宮
真夫星：辛未
真天嗣：丙寅
沖真夫星：丁丑
沖真天嗣：壬申 大忌
夫星死墓絕：巳辰卯
天嗣死墓絕：酉戌亥
殺夫：寅
滅子：辰
箭刃：卯酉
自縊煞：亥
勾絞：未丑
夫妻宮：申宮

嫁年	子	丑	寅	卯	辰	巳	午	未	申	酉	戌	亥
祿命					占天狗宮		占白虎宮					
男女	占天狗宮		占白虎宮									
夫星	長生	養	胎	絕	墓	死	病	衰	帝旺	臨官	冠帶	沐浴
天嗣	胎	養	長生	沐浴	冠帶	臨官	帝旺	衰	病	死	墓	絕

婚月	正	二	三	四	五	六	七	八	九	十	十一	十二
天德	丁	坤	壬	辛	乾	甲	癸	艮	丙	乙	巽	庚
月德	丙	甲	壬	庚	丙	甲	壬	庚	丙	甲	壬	庚

女命生年

正三殺：未
咸池：酉
驛馬：寅
殺翁日：巳
殺姑日：亥
孤辰寡宿：巳丑
三刑：辰
紅鸞女產：亥

女命生年支凶神忌用

天狗：寅
六害：卯
破碎：丑
反目：丑未
元神：亥
劫煞：巳
婚日忌：四廢、四窮、四忌、五墓、八專、往亡等日。

周書合卦

體卦（卦上）艮
用卦（卦下）巽

下卦視四配男命生年干所泊之宮。
陽男泊中宮：坤
陰男泊中宮：離

巽	離	坤
震	中	兌
艮	坎	乾

乙巳女　擇吉婚課一覽表

姜老師風水命理工作室

祿命宮：卯宮
男女宮：亥宮
真夫星：庚辰
真天嗣：丁亥
沖真夫星：丙戌
沖真天嗣：癸巳　大忌
夫星死墓絕：子丑寅
天嗣死墓絕：寅丑子
殺夫：卯
滅子：巳
箭刃：辰戌
自縊煞：戌
勾絞：寅申
夫妻宮：酉宮

女命生年支凶神忌用

正三殺：辰
咸池：午
驛馬：亥
殺翁日：午
殺姑日：子
孤辰：申
寡宿：辰
三刑：寅
紅鸞女產：戌
天狗：卯
六害：寅
破碎：酉
反目：寅申
元神：申
劫煞：寅
婚日忌：四廢、四窮、四忌、五墓、八專、往亡等日。

嫁年	子	丑	寅	卯	辰	巳	午	未	申	酉	戌	亥
祿命						天狗占宮		白虎占宮				
男女		天狗占宮		白虎占宮								
夫星	死	墓	絕	胎	養	長生	沐浴	冠帶	臨官	帝旺	衰	病
天嗣	絕	墓	死	病	衰	帝旺	臨官	冠帶	沐浴	長生	養	胎

婚月	正	二	三	四	五	六	七	八	九	十	十一	十二
天德	丁	坤	壬	辛	乾	甲	癸	艮	丙	乙	巽	庚
月德	丙	甲	壬	庚	丙	甲	壬	庚	丙	甲	壬	庚

周書合卦

體卦（卦上）坤
用卦（卦下）巽

下卦視匹配男命生年干所泊之宮。
陽男泊中宮：坤
陰男泊中宮：離

巽	離	坤
震	中	兌
艮	坎	乾

丙午女 擇吉婚課一覽表

姜老師風水命理工作室

祿命宮：巳宮
男女宮：丑宮
真夫星：癸巳
真天嗣：戊戌
沖真夫星：巳亥
沖真天嗣：甲辰 大忌
夫星死墓絕：申未午
天嗣死墓絕：酉戌亥
殺夫：巳
滅子：未
箭刃：午子
自縊煞：丑
勾絞：酉卯
夫妻宮：亥宮

嫁年天狗白虎	子	丑	寅	卯	辰	巳	午	未	申	酉	戌	亥
祿命								天狗占宮		白虎占宮		
男女				天狗占宮		白虎占宮						
夫星	臨官	冠帶	沐浴	長生	養	胎	絕	墓	死	病	衰	帝旺
天嗣	胎	養	長生	沐浴	冠帶	臨官	帝旺	衰	病	死	墓	絕

婚月天月德												
月	正	二	三	四	五	六	七	八	九	十	十一	十二
天德	丁	坤	壬	辛	乾	甲	癸	艮	丙	乙	巽	庚
月德	丙	甲	壬	庚	丙	甲	壬	庚	丙	甲	壬	庚

女命生年支凶神忌用

正三殺：丑
咸池：卯
驛馬：申
殺翁日：未
殺姑日：丑
孤辰寡宿：辰申
三刑：午
紅鸞女產：酉

天狗：辰
六害：丑
破碎：巳
反目：卯酉
元神：巳
劫煞：亥
婚日忌：四廢、四窮、四忌、五墓、八專、往亡等日。

周書合卦

體卦（卦上）離
用卦（卦下）艮

下卦視匹配男命生年干所泊之宮。
陽男泊中宮：坤
陰男泊中宮：離

巽	離	坤
震	中	兌
艮	坎	乾

丁未女 擇吉婚課一覽表

姜老師風水命理工作室

祿命宮：午宮
男女宮：寅宮
真夫星：壬寅
真天嗣：巳酉
沖真夫星：戊申
沖真天嗣：乙卯 大忌
夫星死墓絕：卯辰巳
天嗣死墓絕：寅丑子
殺夫：午
滅子：申
箭刃：未丑
自縊煞：寅
勾絞：辰戌
夫妻宮：子宮

女命生年支凶神忌用

正三殺：戌
咸池：子
驛馬：巳
殺翁日：申
殺姑日：寅
孤辰：申
寡宿：辰
三刑：戌
紅鸞女產：申

天狗：巳
六害：子
破碎：丑
反目：辰戌
元神：寅
劫煞：申
婚日忌：四廢、四窮、四忌、五墓、八專、往亡等日。

嫁年	子	丑	寅	卯	辰	巳	午	未	申	酉	戌	亥
天狗白虎 祿命									天狗占宮		白虎占宮	
天狗白虎 男女					天狗占宮		白虎占宮					
夫星	帝旺	衰	病	死	墓	絕	胎	養	長生	沐浴	冠帶	臨官
天嗣	絕	墓	死	病	衰	帝旺	臨官	冠帶	沐浴	長生	養	胎

婚月	正	二	三	四	五	六	七	八	九	十	十一	十二
天德	丁	坤	壬	辛	乾	甲	癸	艮	丙	乙	巽	庚
月德	丙	甲	壬	庚	丙	甲	壬	庚	丙	甲	壬	庚

周書合卦

體卦（卦上）坤
用卦（卦下）坤

下卦視匹配男命生年干所泊之宮。
陽男泊中宮：坤
陰男泊中宮：離

巽	離	坤
震	中	兌
艮	坎	乾

戊申女 擇吉婚課一覽表

姜老師風水命理工作室

祿命宮	巳宮
男女宮	丑宮
真夫星	乙卯
真天嗣	庚申
沖真夫星	辛酉
沖真天嗣	丙寅 大忌
夫星死墓絕	亥戌酉
天嗣死墓絕	子丑寅
殺夫	巳
滅子	未
箭刃	午子
自縊煞	卯
勾絞	亥巳
夫妻宮	亥宮

女命生年支凶神忌用

凶神	內容	凶神	內容
正三殺	未	天狗	午
咸池	酉	六害	亥
驛馬	寅	破碎	酉
殺翁日	酉	反目	巳亥
殺姑日	卯	元神	亥
孤辰寡宿	未亥	劫煞	巳
三刑	巳	婚日忌	四廢、四窮、四忌、五墓、八專、往亡等日。
紅鸞女產	未		

嫁年天狗白虎

	子	丑	寅	卯	辰	巳	午	未	申	酉	戌	亥
祿命								天狗占宮		白虎占宮		
男女				天狗占宮		白虎占宮						
夫星	病	衰	帝旺	臨官	冠帶	沐浴	長生	養	胎	絕	墓	死
天嗣	死	墓	絕	胎	養	長生	沐浴	冠帶	臨官	帝旺	衰	病

婚月天月德

月	正	二	三	四	五	六	七	八	九	十	十一	十二
天德	丁	坤	壬	辛	乾	甲	癸	艮	丙	乙	巽	庚
月德	丙	甲	壬	庚	丙	甲	壬	庚	丙	甲	壬	庚

周書合卦

體卦（卦上）艮
用卦（卦下）坤

下卦視四配男命生年干所泊之宮。陽男泊中宮：坤　陰男泊中宮：離

巽	離	坤
震	中	兌
艮	坎	乾

己酉女　擇吉婚課一覽表

姜老師風水命理工作室

祿命宮：午宮
男女宮：寅宮
真夫星：甲戌
真天嗣：辛未
沖真夫星：庚辰
沖真天嗣：丁丑　大忌
夫星死墓絕：午未申
天嗣死墓絕：巳辰卯
殺夫：午
滅子：申
箭刃：未丑
自縊煞：子
勾絞：午子
夫妻宮：子宮

女命生年支凶神忌用

正三殺：辰
咸池：午
驛馬：亥
殺翁日：戌
殺姑日：辰
孤辰：亥　寡宿：未
三刑：酉
紅鸞女產：午

天狗：未
六害：戌
破碎：巳
反目：子午
元神：申
劫煞：寅
婚日忌：四廢、四窮、四忌、五墓、八專、往亡等日。

嫁年天狗白虎	子	丑	寅	卯	辰	巳	午	未	申	酉	戌	亥
祿命									天狗占宮		白虎占宮	
男女					天狗占宮		白虎占宮					
夫星	沐浴	冠帶	臨官	帝旺	衰	病	死	墓	絕	胎	養	長生
天嗣	長生	養	胎	絕	墓	死	病	衰	帝旺	臨官	冠帶	沐浴

婚月天月德	正	二	三	四	五	六	七	八	九	十	十一	十二
天德	丁	坤	壬	辛	乾	甲	癸	艮	丙	乙	巽	庚
月德	丙	甲	壬	庚	丙	甲	壬	庚	丙	甲	壬	庚

周書合卦

體卦（上卦）坤
用卦（下卦）兌

下卦視匹配男命生年干所泊之宮。
陽男泊中宮：坤
陰男泊中宮：離

巽	離	坤
震	中	兌
艮	坎	乾

庚戌女　擇吉婚課一覽表

姜老師風水命理工作室

祿命宮：申宮
男女宮：辰宮
真夫星：丁亥
真天嗣：壬午
沖真夫星：癸巳
沖真天嗣：戊子　大忌
夫星死墓絕：寅丑子
天嗣死墓絕：卯辰巳
殺夫：申
滅子：戌
箭刃：酉卯
自縊煞：巳
勾絞：丑未
夫妻宮：寅宮

嫁年天狗白虎

嫁年	子	丑	寅	卯	辰	巳	午	未	申	酉	戌	亥
祿命	白虎占宮										天狗占宮	
男女							天狗占宮		白虎占宮			
夫星	絕	墓	死	病	衰	帝旺	臨官	冠帶	沐浴	長生	養	胎
天嗣	帝旺	衰	病	死	墓	絕	胎	養	長生	沐浴	冠帶	臨官

婚月天月德

月	正	二	三	四	五	六	七	八	九	十	十一	十二
天德	丁	坤	壬	辛	乾	甲	癸	艮	丙	乙	巽	庚
月德	丙	甲	壬	庚	丙	甲	壬	庚	丙	甲	壬	庚

女命生年支凶神忌用

正三殺：丑
咸池：卯
驛馬：申
殺翁日：亥
殺姑日：巳
孤辰寡宿：未亥
三刑：丑
紅鸞女產：巳

天狗：申
六害：酉
破碎：丑
反目：丑未
元神：巳
劫煞：亥
婚日忌：四廢、四窮、四忌、五墓、八專、往亡等日。

周書合卦

體卦（卦上）艮
用卦（卦下）乾

下卦視匹配男命生年干所泊之宮。
陽男泊中宮：坤
陰男泊中宮：離

巽	離	坤
震	中	兌
艮	坎	乾

辛亥女 擇吉婚課一覽表

姜老師風水命理工作室

祿命宮：酉宮
男女宮：巳宮
真夫星：丙申
真天嗣：癸巳
沖真夫星：壬寅
沖真天嗣：乙亥　大忌
夫星死墓絕：酉戌亥
天嗣死墓絕：申未午
殺夫：酉
滅子：亥
箭刃：戌辰
自縊煞：辰
勾絞：申寅
夫妻宮：卯宮

女命生年支凶神忌用

正三殺：戌
咸池：子
驛馬：巳
殺翁日：子
殺姑日：午
孤辰：寅　寡宿：戌
三刑：亥
紅鸞女產：辰

天狗：酉
六害：申
破碎：酉
反目：寅申
元神：寅
劫煞：申
婚日忌：四廢、四窮、四忌、五墓、八專、往亡等日。

嫁年	子	丑	寅	卯	辰	巳	午	未	申	酉	戌	亥
天狗白虎（祿命）		白虎占宮										天狗占宮
天狗白虎（男女）								天狗占宮		白虎占宮		
夫星	胎	養	長生	沐浴	冠帶	臨官	帝旺	衰	病	死	墓	絕
天嗣	臨官	冠帶	沐浴	長生	養	胎	絕	墓	死	病	衰	帝旺

婚月	正	二	三	四	五	六	七	八	九	十	十一	十二
天德	丁	坤	壬	辛	乾	甲	癸	艮	丙	乙	巽	庚
月德	丙	甲	壬	庚	丙	甲	壬	庚	丙	甲	壬	庚

周書合卦

體卦（卦上）坤
用卦（卦下）乾

下卦視匹配男命生年干所泊之宮。
陽男泊中宮：坤
陰男泊中宮：離

巽	離	坤
震	中	兌
艮	坎	乾

壬子女 擇吉婚課一覽表

姜老師風水命理工作室

祿命宮：亥宮
男女宮：未宮
真夫星：己酉
真天嗣：甲辰
沖真夫星：乙卯
沖真天嗣：庚戌 大忌
夫星死墓絕：寅丑子
天嗣死墓絕：申未午
殺夫：亥
滅子：丑
箭刃：子午
自縊煞：酉
勾絞：卯酉
夫妻宮：巳宮

嫁年

嫁年	子	丑	寅	卯	辰	巳	午	未	申	酉	戌	亥
祿命		天狗占宮		白虎占宮								
男女										天狗占宮		白虎占宮
夫星	絕	墓	死	病	衰	帝旺	臨官	冠帶	沐浴	長生	養	胎
天嗣	沐浴	冠帶	臨官	帝旺	衰	病	死	墓	絕	胎	養	長生

婚月

月	正	二	三	四	五	六	七	八	九	十	十一	十二
天德	丁	坤	壬	辛	乾	甲	癸	艮	丙	乙	巽	庚
月德	丙	甲	壬	庚	丙	甲	壬	庚	丙	甲	壬	庚

女命生年

正三殺：未
咸池：酉
驛馬：寅
殺翁日：丑
殺姑日：未
孤辰寡宿：寅戌
三刑：丑
紅鸞女產：卯

支凶神忌用

天狗：戌
六害：未
破碎：巳
反目：卯酉
元神：亥
劫煞：巳
婚日忌：四廢、四窮、四忌、五墓、八專、往亡等日。

周書合卦

體卦（上卦）艮
用卦（下卦）坎

下卦視匹配男命生年干所泊之宮。
陽男泊中宮：坤
陰男泊中宮：離

巽	離	坤
震	中	兌
艮	坎	乾

癸丑女 擇吉婚課一覽表

姜老師風水命理工作室

祿命宮：子宮
男女宮：申宮
真夫星：戊午
真天嗣：乙卯
沖真夫星：甲子
沖真天嗣：辛酉 大忌
夫星死墓絕：酉戌亥
天嗣死墓絕：亥戌酉
殺夫：子
滅子：寅
箭刃：丑未
自縊煞：午
勾絞：戌辰
夫妻宮：午宮

女命生年支凶神忌用

正三殺：辰
咸池：午
驛馬：亥
殺翁日：寅
殺姑日：申
孤辰寡宿：寅戌
三刑：未
紅鸞女產：寅

天狗：亥
六害：午
破碎：丑
反目：辰戌
元神：申
劫煞：寅
婚日忌：四廢、四窮、四忌、五墓、八專、往亡等日。

嫁年天狗白虎

	子	丑	寅	卯	辰	巳	午	未	申	酉	戌	亥
祿命			天狗占宮		白虎占宮							
男女	白虎占宮										天狗占宮	
夫星	胎	養	長生	沐浴	冠帶	臨官	帝旺	衰	病	死	墓	絕
天嗣	病	衰	帝旺	臨官	冠帶	沐浴	長生	養	胎	絕	墓	死

婚月天月德

月	正	二	三	四	五	六	七	八	九	十	十一	十二
天德	丁	坤	壬	辛	乾	甲	癸	艮	丙	乙	巽	庚
月德	丙	甲	壬	庚	丙	甲	壬	庚	丙	甲	壬	庚

周書合卦

體卦（卦上）坤
用卦（卦下）艮

下卦視匹配男命生年干所泊之宮。陽男泊中宮：坤；陰男泊中宮：離

巽	離	坤
震	中	兌
艮	坎	乾

甲寅女　擇吉婚課一覽表

姜老師風水命理工作室

祿命宮	寅宮
男女宮	戌宮
真夫星	辛未
真天嗣	丙寅
沖真夫星	丁丑
沖真天嗣	壬申　大忌
夫星死墓絕	巳辰卯
天嗣死墓絕	酉戌亥
殺夫	寅
滅子	辰
箭刃	卯酉
自縊煞	未
勾絞	巳亥
夫妻宮	申宮

女命生年支凶神忌用

凶神	支	凶神	支
正三殺	丑	天狗	子
咸池	卯	六害	巳
驛馬	申	破碎	酉
殺翁日	卯	反目	巳亥
殺姑日	酉	元神	巳
孤辰寡宿	巳丑	劫煞	亥
三刑	申		
紅鸞女產	丑		

婚日忌：四廢、四窮、四忌、五墓、八專、往亡等日。

嫁年	祿命	男女	夫星	天嗣
子		天狗占宮	長生	胎
丑			養	養
寅		白虎占宮	胎	長生
卯			絕	沐浴
辰	天狗占宮		墓	冠帶
巳			死	臨官
午	白虎占宮		病	帝旺
未			衰	衰
申			帝旺	病
酉			臨官	死
戌			冠帶	墓
亥			沐浴	絕

婚月	天德	月德
正	丁	丙
二	坤	甲
三	壬	壬
四	辛	庚
五	乾	丙
六	甲	甲
七	癸	壬
八	艮	庚
九	丙	丙
十	乙	甲
十一	巽	壬
十二	庚	庚

周書合卦

體卦（卦上）艮
用卦（卦下）艮

下卦視匹配男命生年干所泊之宮。
陽男泊中宮：坤
陰男泊中宮：離

巽	離	坤
震	中	兌
艮	坎	乾

乙卯女 擇吉婚課一覽表

姜老師風水命理工作室

祿命宮：卯宮
男女宮：亥宮
真夫星：庚辰
真天嗣：丁亥
沖真夫星：丙戌
沖真天嗣：癸巳 大忌
夫星死墓絕：子丑寅
天嗣死墓絕：寅丑子
殺夫：卯
滅子：巳
箭刃：辰戌
自縊煞：申
勾絞：子午
夫妻宮：酉宮

嫁年天狗白虎

	子	丑	寅	卯	辰	巳	午	未	申	酉	戌	亥
祿命						天狗占宮		白虎占宮				
男女		天狗占宮		白虎占宮								
夫星	死	墓	絕	胎	養	長生	沐浴	冠帶	臨官	帝旺	衰	病
天嗣	絕	墓	死	病	衰	帝旺	臨官	冠帶	沐浴	長生	養	胎

婚月天月德

月	正	二	三	四	五	六	七	八	九	十	十一	十二
天德	丁	坤	壬	辛	乾	甲	癸	艮	丙	乙	巽	庚
月德	丙	甲	壬	庚	丙	甲	壬	庚	丙	甲	壬	庚

女命生年支凶神忌用

正三殺：戌
咸池：子
驛馬：巳
殺翁日：辰
殺姑日：戌
孤辰寡宿：丑巳
三刑：子
紅鸞女產：子

天狗：丑
六害：辰
破碎：巳
反目：子午
元神：寅
劫煞：申
婚日忌：四廢、四窮、四忌、五墓、八專、往亡等日。

周書合卦

體卦（卦上）坤
用卦（卦下）震

下卦視四配男命生年干所泊之宮。
陽男泊中宮：坤
陰男泊中宮：離

坤	兌	乾
離	中	坎
巽	震	艮

丙辰女 擇吉婚課一覽表

姜老師風水命理工作室

祿命宮：巳宮
男女宮：丑宮
真夫星：癸巳
真天嗣：戊戌
沖真夫星：巳亥
沖真天嗣：甲辰 大忌
夫星死墓絕：申未午
天嗣死墓絕：酉戌亥
殺夫：巳
滅子：未
箭刃：午子
自縊煞：亥
勾絞：未丑
夫妻宮：亥宮

嫁年	子	丑	寅	卯	辰	巳	午	未	申	酉	戌	亥
天狗白虎 祿命								天狗占宮		白虎占宮		
天狗白虎 男女				天狗占宮		白虎占宮						
夫星	臨官	冠帶	沐浴	長生	養	胎	絕	墓	死	病	衰	帝旺
天嗣	胎	養	長生	沐浴	冠帶	臨官	帝旺	衰	病	死	墓	絕

婚月	正	二	三	四	五	六	七	八	九	十	十一	十二
天德	丁	坤	壬	辛	乾	甲	癸	艮	丙	乙	巽	庚
月德	丙	甲	壬	庚	丙	甲	壬	庚	丙	甲	壬	庚

女命生年支凶神忌用

正三殺：未
咸池：酉
驛馬：寅
殺翁日：巳
殺姑日：亥
孤辰寡宿：巳丑
三刑：辰
紅鸞女產：亥

天狗：寅
六害：卯
破碎：丑
反目：丑未
元神：亥
劫煞：巳
婚日忌：四廢、四窮、四忌、五墓、八專、往亡等日。

周書合卦

體卦（卦上）艮
用卦（卦下）巽

下卦視匹配男命生年干所洎之宮。
陽男洎中宮：坤
陰男洎中宮：離

巽	離	坤
震	中	兌
艮	坎	乾

丁巳女 擇吉婚課一覽表

姜老師風水命理工作室

項目	內容
祿命宮	午宮
男女宮	寅宮
真夫星	壬寅
真天嗣	巳酉
沖真夫星	戊申
沖真天嗣	乙卯 大忌
夫星死墓絕	卯辰巳
天嗣死墓絕	寅丑子
殺夫	午
滅子	申
箭刃	未丑
自縊煞	戌
勾絞	寅申
夫妻宮	子宮

嫁年天狗白虎	子	丑	寅	卯	辰	巳	午	未	申	酉	戌	亥
祿命									天狗占宮		白虎占宮	
男女					天狗占宮		白虎占宮					
夫星	帝旺	衰	病	死	墓	絕	胎	養	長生	沐浴	冠帶	臨官
天嗣	絕	墓	死	病	衰	帝旺	臨官	冠帶	沐浴	長生	養	胎

婚月天月德	正	二	三	四	五	六	七	八	九	十	十一	十二
天德	丁	坤	壬	辛	乾	甲	癸	艮	丙	乙	巽	庚
月德	丙	甲	壬	庚	丙	甲	壬	庚	丙	甲	壬	庚

女命生年支凶神忌用

正三殺：辰
咸池：午
驛馬：亥
殺翁日：午
殺姑日：子
孤辰：申 寡宿：辰
三刑：寅
紅鸞女產：戌

天狗：卯
六害：寅
破碎：酉
反目：寅申
元神：申
劫煞：寅
婚日忌：四廢、四窮、四忌、五墓、八專、往亡等日。

周書合卦

體卦（上卦）坤
用卦（下卦）巽

下卦視四配男命生年干所泊之宮。
陽男泊中宮：坤
陰男泊中宮：離

巽	離	坤
震	中	兌
艮	坎	乾

戊午女 擇吉婚課一覽表

姜老師風水命理工作室

項目	內容
祿命宮	巳宮
男女宮	丑宮
真夫星	乙卯
真天嗣	庚申
沖真夫星	辛酉
沖真天嗣	丙寅　大忌
夫星死墓絕	亥戌酉
天嗣死墓絕	子丑寅
殺夫	巳
滅子	未
箭刃	午子
自縊煞	丑
勾絞	酉卯
夫妻宮	亥宮

女命生年支凶神忌用

凶神	忌用
正三殺	丑
咸池	卯
驛馬	申
殺翁日	未
殺姑日	丑
孤辰寡宿	申辰
三刑	午
紅鸞女產	酉
天狗	辰
六害	丑
破碎	巳
反目	卯酉
元神	巳
劫煞	亥

婚日忌：四廢、四窮、四忌、五墓、八專、往亡等日。

嫁年天狗白虎

	子	丑	寅	卯	辰	巳	午	未	申	酉	戌	亥
祿命								天狗占宮		白虎占宮		
男女				天狗占宮		白虎占宮						
夫星	病	衰	帝旺	臨官	冠帶	沐浴	長生	養	胎	絕	墓	死
天嗣	死	墓	絕	胎	養	長生	沐浴	冠帶	臨官	帝旺	衰	病

婚月天月德

月	正	二	三	四	五	六	七	八	九	十	十一	十二
天德	丁	坤	壬	辛	乾	甲	癸	艮	丙	乙	巽	庚
月德	丙	甲	壬	庚	丙	甲	壬	庚	丙	甲	壬	庚

周書合卦

體卦（卦上）艮
用卦（卦下）離

下卦視匹配男命生年干所泊之宮。
陽男泊中宮：坤
陰男泊中宮：離

坤	離	巽
兌	中	震
乾	坎	艮

乙未女 擇吉婚課一覽表

姜老師風水命理工作室

祿命宮：午宮
男女宮：寅宮
真夫星：甲戌
真天嗣：辛未
沖真夫星：庚辰
沖真天嗣：丁丑 大忌
夫星死墓絕：午未申
天嗣死墓絕：巳辰卯
殺夫：午
滅子：申
箭刃：未丑
自縊煞：寅
勾絞：辰戌
夫妻宮：子宮

女命生年支凶神忌用

正三殺：戌
咸池：子
驛馬：巳
殺翁日：申
殺姑日：寅
孤辰寡宿：辰申
三刑：戌
紅鸞女產：申

天狗：巳
六害：子
破碎：丑
反目：辰戌
元神：寅
劫煞：申
婚日忌：四廢、四窮、四忌、五墓、八專、往亡等日。

嫁年天狗白虎	子	丑	寅	卯	辰	巳	午	未	申	酉	戌	亥
祿命									天狗占宮		白虎占宮	
男女					天狗占宮		白虎占宮					
夫星	沐浴	冠帶	臨官	帝旺	衰	病	死	墓	絕	胎	養	長生
天嗣	長生	養	胎	絕	墓	死	病	衰	帝旺	臨官	冠帶	沐浴

婚月天月德	正	二	三	四	五	六	七	八	九	十	十一	十二
天德	丁	坤	壬	辛	乾	甲	癸	艮	丙	乙	巽	庚
月德	丙	甲	壬	庚	丙	甲	壬	庚	丙	甲	壬	庚

周書合卦

體卦（卦上）坤坤
用卦（卦下）

下卦視四配男命生年干所泊之宮。
陽男泊中宮：坤
陰男泊中宮：離

坤	離	巽
兌	中	震
乾	坎	艮

庚申女 擇吉婚課一覽表

姜老師風水命理工作室

祿命宮：申宮
男女宮：辰宮
真夫星：丁亥
真天嗣：壬午
沖真夫星：癸巳
沖真天嗣：戊子 大忌
夫星死墓絕：寅丑子
天嗣死墓絕：卯辰巳
殺夫：申
滅子：戌
箭刃：酉卯
自縊煞：卯
勾絞：亥巳
夫妻宮：寅宮

女命生年支凶神忌用

正三殺：未
咸池：酉
驛馬：寅
殺翁日：酉
殺姑日：卯
孤辰：亥 寡宿：未
三刑：巳
紅鸞女產：未

天狗：午
六害：亥
破碎：酉
反目：巳亥
元神：亥
劫煞：巳
婚日忌：四廢、四窮、四忌、五墓、八專、往亡等日。

嫁年	子	丑	寅	卯	辰	巳	午	未	申	酉	戌	亥
祿命	白虎占宮										天狗占宮	
男女							天狗占宮		白虎占宮			
夫星	絕	墓	死	病	衰	帝旺	臨官	冠帶	沐浴	長生	養	胎
天嗣	帝旺	衰	病	死	墓	絕	胎	養	長生	沐浴	冠帶	臨官

婚月	正	二	三	四	五	六	七	八	九	十	十一	十二
天德	丁	坤	壬	辛	乾	甲	癸	艮	丙	乙	巽	庚
月德	丙	甲	壬	庚	丙	甲	壬	庚	丙	甲	壬	庚

周書合卦

體卦（卦上）艮
用卦（卦下）坤

下卦視匹配男命生年干所泊之宮。
陽男泊中宮：坤
陰男泊中宮：離

乾	兌	坤
坎	中	離
艮	震	巽

辛酉女 擇吉婚課一覽表

姜老師風水命理工作室

祿命宮：酉宮
男女宮：巳宮
真夫星：丙申
真天嗣：癸巳
沖真夫星：壬寅
沖真天嗣：乙亥　大忌
夫星死墓絕：酉戌亥
天嗣死墓絕：申未午
殺夫：酉
滅子：亥
箭刃：戌辰
自縊煞：子
勾絞：午子
夫妻宮：卯宮

女命生年支凶神忌用

正三殺：辰
咸池：午
驛馬：亥
殺翁日：戌
殺姑日：辰
孤辰寡宿：亥未
三刑：酉
紅鸞女產：午

天狗：未
六害：戌
破碎：巳
反目：子午
元神：申
劫煞：寅
婚日忌：四廢、四窮、四忌、五墓、八專、往亡等日。

嫁年天狗白虎

	子	丑	寅	卯	辰	巳	午	未	申	酉	戌	亥
祿命		白虎占宮										天狗占宮
男女								天狗占宮		白虎占宮		
夫星	胎	養	長生	沐浴	冠帶	臨官	帝旺	衰	病	死	墓	絕
天嗣	臨官	冠帶	沐浴	長生	養	胎	絕	墓	死	病	衰	帝旺

婚月天月德

月	正	二	三	四	五	六	七	八	九	十	十一	十二
天德	丁	坤	壬	辛	乾	甲	癸	艮	丙	乙	巽	庚
月德	丙	甲	壬	庚	丙	甲	壬	庚	丙	甲	壬	庚

周書合卦

體卦（卦上）兌 坤
用卦（卦下）

下卦視匹配男命生年干所泊之宮。
陽男泊中宮：坤
陰男泊中宮：離

巽	離	坤
震	中	兌
艮	坎	乾

壬戌女 擇吉婚課一覽表

姜老師風水命理工作室

祿命宮：亥宮
男女宮：未宮
真夫星：己酉
真天嗣：甲辰
沖真夫星：乙卯
沖真天嗣：庚戌 大忌
夫星死墓絕：寅丑子
天嗣死墓絕：午未申
殺夫：亥
滅子：丑
箭刃：子午
自縊煞：巳
勾絞：丑未
夫妻宮：巳宮

女命生年支凶神忌用

正三殺：丑
咸池：卯
驛馬：申
殺翁日：亥
殺姑日：巳
孤辰寡宿：亥未
三刑：丑
紅鸞女產：巳

天狗：申
六害：酉
破碎：丑
反目：丑未
元神：巳
劫煞：亥
婚日忌：四廢、四窮、五墓、八專、往亡等日。

嫁年天狗白虎

	子	丑	寅	卯	辰	巳	午	未	申	酉	戌	亥
祿命			天狗占宮		白虎占宮							
男女										天狗占宮		白虎占宮
夫星	絕	墓	死	病	衰	帝旺	臨官	冠帶	沐浴	長生	養	胎
天嗣	沐浴	冠帶	臨官	帝旺	衰	病	死	墓	絕	胎	養	長生

婚月天月德

月	正	二	三	四	五	六	七	八	九	十	十一	十二
天德	丁	坤	壬	辛	乾	甲	癸	艮	丙	乙	巽	庚
月德	丙	甲	壬	庚	丙	甲	壬	庚	丙	甲	壬	庚

周書合卦

體卦（卦上）艮
用卦（卦下）乾

下卦視匹配男命生年干所泊之宮。
陽男泊中宮：坤
陰男泊中宮：離

巽	離	坤
震	中	兌
艮	坎	乾

癸亥女　擇吉婚課一覽表

姜老師風水命理工作室

祿命宮：子宮
男女宮：申宮
真夫星：戊午
真天嗣：乙卯
沖真夫星：甲子
沖真天嗣：辛酉　大忌
夫星死墓絕：酉戌亥
天嗣死墓絕：亥戌酉
殺夫：子
滅子：寅
箭刃：丑未
自縊煞：辰
勾絞：申寅
夫妻宮：午宮

嫁年	祿命	男女	夫星	天嗣
子		白虎占宮	胎	病
丑			養	衰
寅	天狗占宮		長生	帝旺
卯			沐浴	臨官
辰	白虎占宮		冠帶	冠帶
巳			臨官	沐浴
午			帝旺	長生
未			衰	養
申			病	胎
酉			死	絕
戌		天狗占宮	墓	墓
亥			絕	死

婚月	天德	月德
正	丁	丙
二	坤	甲
三	壬	壬
四	辛	庚
五	乾	丙
六	甲	甲
七	癸	壬
八	艮	庚
九	丙	丙
十	乙	甲
十一	巽	壬
十二	庚	庚

女命生年支凶神忌用

正三殺：戌
咸池：子
驛馬：巳
殺翁日：子
殺姑日：午
孤辰寡宿：寅戌
三刑：亥
紅鸞女產：辰

天狗：酉
六害：申
破碎：酉
反目：寅申
元神：寅
劫煞：申
婚日忌：四廢、四窮、四忌、五墓、八專、往亡等日。

周書合卦

體卦（卦上）坤
用卦（卦下）乾

下卦視匹配男命生年干所泊之宮。
陽男泊中宮：坤
陰男泊中宮：離

坤	離	巽
兌	中	震
乾	坎	艮

筆者檔案資料：

姓名：姜威國　一九五八年出生於高雄市
筆名：三合齋主　紫龍儀（現已不用）

現任：

中國民俗文化研究學會秘書長
高雄市星斗命理學會理事
高雄市華夏五術學院　紫微斗數、陰陽宅風水學專任講師
高雄縣勞工學苑　紫微斗數、陰陽宅風水學講師
高雄縣救國團　手面相學講師
屏東市立文化中心　紫微斗數講師
屏東縣救國團　紫微斗數講師
中國晚報、民眾日報命理風水專欄執筆
中國晚報採訪記者　專業五術作家（已出版著作三十餘種）
姜老師命理風水研究工作室（高雄、鳳山、屏東）

※服務處：

高雄市星斗命理學會
高雄市民權二路四六二號四樓
TEL：（〇七）三三六－三四一五
（〇七）三三三－二八六四
高雄縣鳳山市海光四村八六〇號
TEL／FAX：（〇七）七〇二－一〇九七
屏東市中華路三五一～一五號4樓
TEL：（〇八）七三七－五一三二
專線服務電話：〇九二八－七五七－七〇九

姜老師風水命理研究工作室函授教材內容一覽：

壹、斗數入門紮根與排盤技巧。（壹千元）
貳、人事十二宮闡釋解析。（伍千元）
參、星曜性情、意象精闢解碼。（貳萬伍千元）
肆、飛星四化、宮位自化釋義（貳萬元）
伍、斗數組合格局精論。（壹萬伍千元）
陸、斗數重點宮位解析釋義。（壹萬元）
柒、高級實務理論技巧闡釋解析。（參萬元）
捌、實務解盤技巧大公開。（貳萬元）
玖、斗數賦文精解。（貳萬元）
拾、乾坤密法觸機訣。（參萬元）

※整套教材透解斗數之秘，直洩天地之機。
※最佳終身第二專長選擇，擁有它，保證一生受用無窮且惠益不盡。
※整套購買八折結緣優待，且贈送〈掐指神算秘冊〉，售價參萬元；以上各教材亦可單項購買。
※本套教材謹遵祖訓，不作公開發行，限量一百套，售完即止。

服務處：高雄縣鳳山市海光四村八六〇號
洽詢專線：（〇七）七〇二一一〇九七或〇九二八—七五七—七〇九
劃撥帳號：四一九〇八〇六一　戶名：姜威國

著作一覽表：

【命理部】

1. 斗數新論闡微
2. 全方位論斗數（上、下冊）
3. 簡易紫微斗數精華篇
4. 新斗數葵花寶典——星曜易理演繹
5. 精選古賦文闡微等二冊
6. 斗數星曜與格局新義
7. 斗數宮神與實務論斷
8. 斗數職場致勝錄
9. 斗數活盤實務論斷
10. 奇門遁甲入門解析
11. 掐指神算定乾坤
12. 隨時卜運成功術
13. 簡易數字占卜
14. 突破傳統八字命學
15. 八字命學初級講義
16. 如何創造一個好的八字命格

17.諸葛神數大公開
18.星座、生肖、血型三合一論命術
19.斗數高級秘訣函授教材（十本）

【風水部】

1.風水入門
2.利用易經陽宅玄機使你金榜題名
3.陽宅風水圖解
4.圖解吉祥家相風水
5.怎樣佈置風水吉祥物
6.現代羅經理論解析
7.現代風水學巒頭總論（上、下冊）
8.實用風水學理氣探討（上、下冊）
9.實用風水學秘笈總斷【以上四單元為整套系列】

【相學部】

1.趣談面相識人生
2.如來佛祖的五指山——手相學
3.現代公關相人術——面相學
4.你就是手相學大師

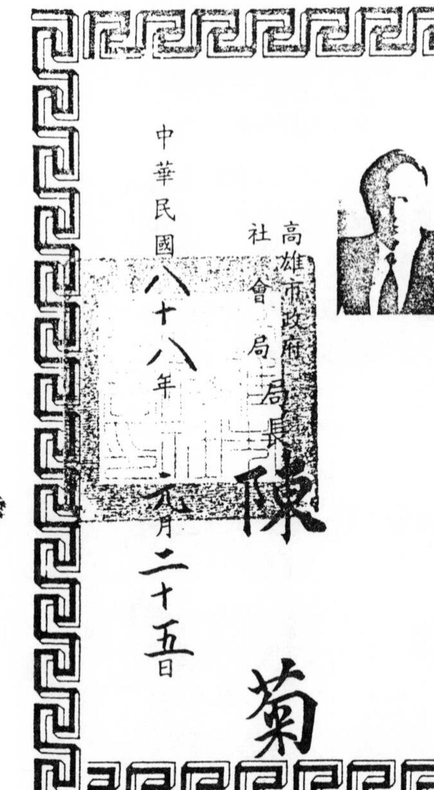

高雄市人民團體職員當選證明書

高市社局一證字第 27383 號

姓　　名：姜　威　國

年　　齡：四十歲

團體名稱：高雄市星斗命理學會

當選屆次：第一屆

職　　務：理事

任　　期：四年（自　年　月　日起至　年　月　日止）

高雄市政府
社會局局長　陳　菊

中華民國八十八年九月二十五日

高市社局一證字第

號

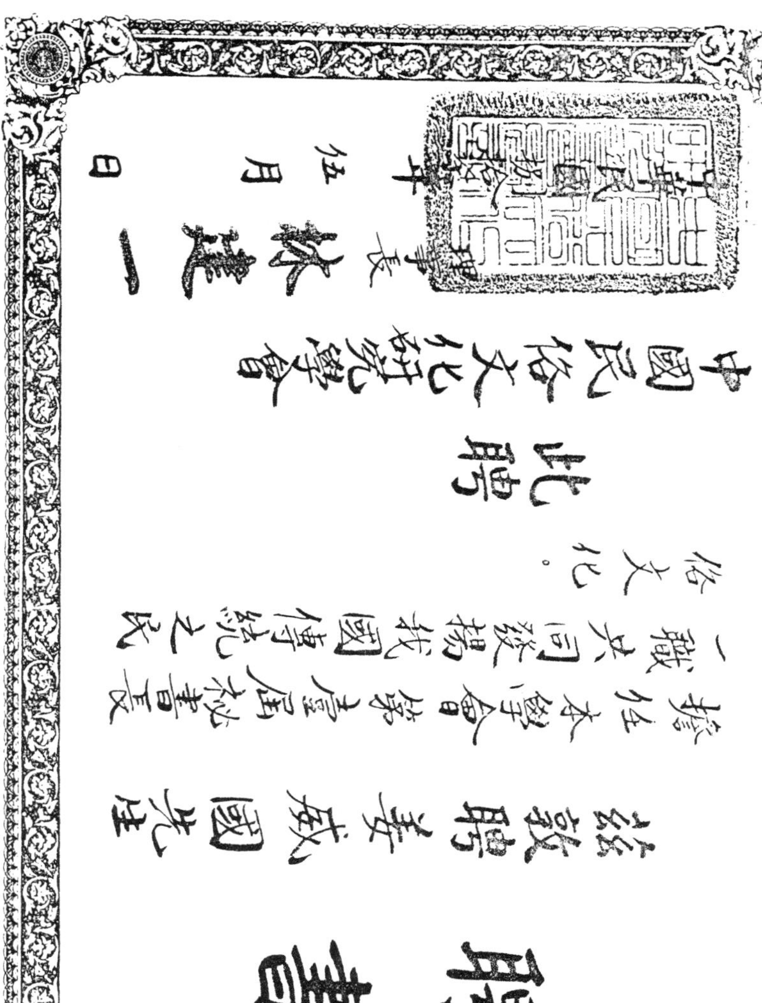

聘書

茲敦聘姜威國先生

擔任本學會第壹屆祕書長一職共同發揚我國傳統之民俗文化。

此聘

中國民俗文化研究學會

理事長 林建一

中華民國捌拾[illegible]年 伍月 日

高雄縣政府聘書

88 府勞福字第 120785 號

敦聘姜 威 國老師擔任

本縣 89 年度勞工學苑

（上期） 陽陰宅命理班

講師

此 聘

縣長

余政憲

中華民國八十八 年八 月十六日

大展出版社有限公司
品冠文化出版社

圖書目錄

地址：台北市北投區（石牌）致遠一路二段 12 巷 1 號
電話：(02)28236031
28236033
郵撥：0166955～1
傳真：(02)28272069

・生活廣場・品冠編號 61

1. 366 天誕生星　李芳黛譯　280 元
2. 366 天誕生花與誕生石　李芳黛譯　280 元
3. 科學命相　淺野八郎著　220 元
4. 已知的他界科學　陳蒼杰譯　220 元
5. 開拓未來的他界科學　陳蒼杰譯　220 元
6. 世紀末變態心理犯罪檔案　沈永嘉譯　240 元
7. 366 天開運年鑑　林廷宇編著　230 元
8. 色彩學與你　野村順一著　230 元
9. 科學手相　淺野八郎著　230 元
10. 你也能成為戀愛高手　柯富陽編著　220 元
11. 血型與十二星座　許淑瑛編著　230 元
12. 動物測驗—人性現形　淺野八郎著　200 元
13. 愛情、幸福完全自測　淺野八郎著　200 元
14. 輕鬆攻佔女性　趙奕世編著　230 元
15. 解讀命運密碼　郭宗德著　200 元

・女醫師系列・品冠編號 62

1. 子宮內膜症　國府田清子著　200 元
2. 子宮肌瘤　黑島淳子著　200 元
3. 上班女性的壓力症候群　池下育子著　200 元
4. 漏尿、尿失禁　中田真木著　200 元
5. 高齡生產　大鷹美子著　200 元
6. 子宮癌　上坊敏子著　200 元
7. 避孕　早乙女智子著　200 元
8. 不孕症　中村春根著　200 元
9. 生理痛與生理不順　堀口雅子著　200 元
10. 更年期　野末悅子著　200 元

・傳統民俗療法・品冠編號 63

1. 神奇刀療法　潘文雄著　200 元

2. 神奇拍打療法 安在峰著 200 元
3. 神奇拔罐療法 安在峰著 200 元
4. 神奇艾灸療法 安在峰著 200 元
5. 神奇貼敷療法 安在峰著 200 元
6. 神奇薰洗療法 安在峰著 200 元
7. 神奇耳穴療法 安在峰著 200 元
8. 神奇指針療法 安在峰著 200 元
9. 神奇藥酒療法 安在峰著 200 元
10. 神奇藥茶療法 安在峰著 200 元

・彩色圖解保健・品冠編號 64

1. 瘦身 主婦之友社 300 元
2. 腰痛 主婦之友社 300 元
3. 肩膀痠痛 主婦之友社 300 元
4. 腰、膝、腳的疼痛 主婦之友社 300 元
5. 壓力、精神疲勞 主婦之友社 300 元
6. 眼睛疲勞、視力減退 主婦之友社 300 元

・心 想 事 成・品冠編號 65

1. 魔法愛情點心 結城莫拉著 120 元
2. 可愛手工飾品 結城莫拉著 120 元
3. 可愛打扮&髮型 結城莫拉著 120 元
4. 撲克牌算命 結城莫拉著 120 元

・法律專欄連載・大展編號 58

台大法學院 法律學系／策劃
法律服務社／編著

1. 別讓您的權利睡著了(1) 200 元
2. 別讓您的權利睡著了(2) 200 元

・武 術 特 輯・大展編號 10

1. 陳式太極拳入門 馮志強編著 180 元
2. 武式太極拳 郝少如編著 200 元
3. 練功十八法入門 蕭京凌編著 120 元
4. 教門長拳 蕭京凌編著 150 元
5. 跆拳道 蕭京凌編譯 180 元
6. 正傳合氣道 程曉鈴譯 200 元
7. 圖解雙節棍 陳銘遠著 150 元
8. 格鬥空手道 鄭旭旭編著 200 元

9.	實用跆拳道	陳國榮編著	200 元
10.	武術初學指南	李文英、解守德編著	250 元
11.	泰國拳	陳國榮著	180 元
12.	中國式摔跤	黃　斌編著	180 元
13.	太極劍入門	李德印編著	180 元
14.	太極拳運動	運動司編	250 元
15.	太極拳譜	清・王宗岳等著	280 元
16.	散手初學	冷　峰編著	200 元
17.	南拳	朱瑞琪編著	180 元
18.	吳式太極劍	王培生著	200 元
19.	太極拳健身與技擊	王培生著	250 元
20.	秘傳武當八卦掌	狄兆龍著	250 元
21.	太極拳論譚	沈　壽著	250 元
22.	陳式太極拳技擊法	馬　虹著	250 元
23.	二十四式/三十二式太極拳/劍	闞桂香著	180 元
24.	楊式秘傳 129 式太極長拳	張楚全著	280 元
25.	楊式太極拳架詳解	林炳堯著	280 元
26.	華佗五禽劍	劉時榮著	180 元
27.	太極拳基礎講座：基本功與簡化 24 式	李德印著	250 元
28.	武式太極拳精華	薛乃印著	200 元
29.	陳式太極拳拳理闡微	馬　虹著	350 元
30.	陳式太極拳體用全書	馬　虹著	400 元
31.	張三豐太極拳	陳占奎著	200 元
32.	中國太極推手	張　山主編	300 元
33.	48 式太極拳入門	門惠豐編著	220 元
34.	太極拳奇人奇功	嚴翰秀編著	250 元
35.	心意門秘籍	李新民編著	220 元
36.	三才門乾坤戊己功	王培生編著	220 元
37.	武式太極劍精華 +VCD	薛乃印編著	350 元
38.	楊式太極拳	傅鐘文演述	200 元
39.	陳式太極拳、劍 36 式	闞桂香編著	250 元

・原地太極拳系列・大展編號 11

1.	原地綜合太極拳 24 式	胡啟賢創編	220 元
2.	原地活步太極拳 42 式	胡啟賢創編	200 元
3.	原地簡化太極拳 24 式	胡啟賢創編	200 元
4.	原地太極拳 12 式	胡啟賢創編	200 元

・名師出高徒・大展編號 111

1.	武術基本功與基本動作	劉玉萍編著	200 元
2.	長拳入門與精進	吳彬　等著	220 元

3. 劍術刀術入門與精進　楊柏龍等著　元
4. 棍術、槍術入門與精進　邱丕相編著　元
5. 南拳入門與精進　朱瑞琪編著　元
6. 散手入門與精進　張　山等著　元
7. 太極拳入門與精進　李德印編著　元
8. 太極推手入門與精進　田金龍編著　元

・道學文化・大展編號 12

1. 道在養生：道教長壽術　郝　勤等著　250 元
2. 龍虎丹道：道教內丹術　郝　勤著　300 元
3. 天上人間：道教神仙譜系　黃德海著　250 元
4. 步罡踏斗：道教祭禮儀典　張澤洪著　250 元
5. 道醫窺秘：道教醫學康復術　王慶餘等著　250 元
6. 勸善成仙：道教生命倫理　李　剛著　250 元
7. 洞天福地：道教宮觀勝境　沙銘壽著　250 元
8. 青詞碧簫：道教文學藝術　楊光文等著　250 元
9. 沈博絕麗：道教格言精粹　朱耕發等著　250 元

・易學智慧・大展編號 122

1. 易學與管理　余敦康主編　250 元
2. 易學與養生　劉長林等著　300 元
3. 易學與美學　劉綱紀等著　300 元
4. 易學與科技　董光壁　著　元
5. 易學與建築　韓增祿　著　元
6. 易學源流　鄭萬耕　著　元
7. 易學的思維　傅雲龍等著　元
8. 周易與易圖　李　申　著　元

・神算大師・大展編號 123

1. 劉伯溫神算兵法　應　涵編著　280 元
2. 姜太公神算兵法　應　涵編著　元
3. 鬼谷子神算兵法　應　涵編著　元
4. 諸葛亮神算兵法　應　涵編著　元

・秘傳占卜系列・大展編號 14

1. 手相術　淺野八郎著　180 元
2. 人相術　淺野八郎著　180 元
3. 西洋占星術　淺野八郎著　180 元
4. 中國神奇占卜　淺野八郎著　150 元

5. 夢判斷	淺野八郎著	150 元
6. 前世、來世占卜	淺野八郎著	150 元
7. 法國式血型學	淺野八郎著	150 元
8. 靈感、符咒學	淺野八郎著	150 元
9. 紙牌占卜術	淺野八郎著	150 元
10. ESP 超能力占卜	淺野八郎著	150 元
11. 猶太數的秘術	淺野八郎著	150 元
12. 新心理測驗	淺野八郎著	160 元
13. 塔羅牌預言秘法	淺野八郎著	200 元

・趣味心理講座・大展編號 15

1. 性格測驗① 探索男與女	淺野八郎著	140 元
2. 性格測驗② 透視人心奧秘	淺野八郎著	140 元
3. 性格測驗③ 發現陌生的自己	淺野八郎著	140 元
4. 性格測驗④ 發現你的真面目	淺野八郎著	140 元
5. 性格測驗⑤ 讓你們吃驚	淺野八郎著	140 元
6. 性格測驗⑥ 洞穿心理盲點	淺野八郎著	140 元
7. 性格測驗⑦ 探索對方心理	淺野八郎著	140 元
8. 性格測驗⑧ 由吃認識自己	淺野八郎著	160 元
9. 性格測驗⑨ 戀愛知多少	淺野八郎著	160 元
10. 性格測驗⑩ 由裝扮瞭解人心	淺野八郎著	160 元
11. 性格測驗⑪ 敲開內心玄機	淺野八郎著	140 元
12. 性格測驗⑫ 透視你的未來	淺野八郎著	160 元
13. 血型與你的一生	淺野八郎著	160 元
14. 趣味推理遊戲	淺野八郎著	160 元
15. 行為語言解析	淺野八郎著	160 元

・婦 幼 天 地・大展編號 16

1. 八萬人減肥成果	黃靜香譯	180 元
2. 三分鐘減肥體操	楊鴻儒譯	150 元
3. 窈窕淑女美髮秘訣	柯素娥譯	130 元
4. 使妳更迷人	成　玉譯	130 元
5. 女性的更年期	官舒妍編譯	160 元
6. 胎內育兒法	李玉瓊編譯	150 元
7. 早產兒袋鼠式護理	唐岱蘭譯	200 元
8. 初次懷孕與生產	婦幼天地編譯組	180 元
9. 初次育兒 12 個月	婦幼天地編譯組	180 元
10. 斷乳食與幼兒食	婦幼天地編譯組	180 元
11. 培養幼兒能力與性向	婦幼天地編譯組	180 元
12. 培養幼兒創造力的玩具與遊戲	婦幼天地編譯組	180 元
13. 幼兒的症狀與疾病	婦幼天地編譯組	180 元

國家圖書館出版品預行編目資料

婚課擇用寶鑑／姜威國編著
－初版－臺北市，大展，民 90
面；21 公分－（命理與預言；66）
ISBN 957-468-106-8（平裝）
1. 擇日
293.4　　　　90017579

婚課擇用寶鑑

ISBN 957-468-106-8

編　著／姜　威　國
發行人／蔡　森　明
出版者／大展出版社有限公司
社　址／台北市北投區（石牌）致遠一路 2 段 12 巷 1 號
電　話／(02) 28236031・28236033・28233123
傳　真／(02) 28272069
郵政劃撥／01669551
E-mail／dah-jaan@ms9.tisnet.net.tw
登記證／局版臺業字第 2171 號
承印者／國順圖書印刷公司
裝　訂／嶸興裝訂有限公司
排版者／千兵企業有限公司
初版1刷／2001 年（民 90 年） 12月

定　價／280 元

大展好書 好書大展